FABIENNE SITA

DIE TREPPE

DIE TREPPE

EINE UNGEWÖHNLICHE BEGEGNUNG MIT GOTT

Fabienne Sita

SCM
R.Brockhaus

SCM

Stiftung Christliche Medien

Der SCM Verlag ist eine Gesellschaft der Stiftung Christliche Medien, einer gemeinnützigen Stiftung, die sich für die Förderung und Verbreitung christlicher Bücher, Zeitschriften, Filme und Musik einsetzt.

© 2015 SCM-Verlag GmbH & Co. KG · 58452 Witten
Internet: www.scmedien.de; E-Mail: info@scm-verlag.de

Die Bibelverse wurden folgenden Ausgaben entnommen:
Tag 1 – Psalm 27,4: Hoffnung für alle® Copyright © 1983, 1996, 2002 by Biblica, Inc.®. Verwendet mit freundlicher Genehmigung von `fontis - Brunnen Basel. (HFA)
Tag 5 – Jesaja 43,1: Lutherbibel, revidierter Text 1984, durchgesehene Ausgabe in neuer Rechtschreibung, © 1999 Deutsche Bibelgesellschaft, Stuttgart. (LUT)
Tag 12 – Psalm 46,11: LUT
Tag 26 – Matthäus 3,17 und Johannes 14,6: LUT
Tag 28 – Johannes 14,6: Elberfelder Bibel 2006, © 2006 im SCM-Verlag GmbH & Co. KG, Witten; Josua 1,6; Jesaja 43,1; Zefanja 3,17; Jeremia 31,3: Neues Leben. Die Bibel, © Copyright der deutschen Ausgabe 2002 und 2006 im SCM-Verlag GmbH & Co. KG, 58452 Witten
Tag 29 – Jesaja 40,31: HFA

Redaktion: Christian Ebert, München
Gesamtgestaltung: Fabienne Sita, München
Satz: Christoph Möller, Hattingen
Druck und Bindung: Finidr s.r.o.
Gedruckt in Tschechien
ISBN 978-3-417-26726-6
Bestell-Nr. 226.726

INHALT

Vorwort von Tobias Teichen 6
Tag 0: Tagtraum 8
Tag 1: Die Enttäuschung 12
Tag 2: Das Candle-Light-Dinner 20
Tag 3: Die Hütte und der Tanz 26
Tag 4: Erwartungen 34
Tag 5: Entscheidungen 42
Tag 6: Die Galerie 52
Tag 7: Gottesdienst 60
Tag 8: Staub 70
Tag 9: Wendepunkt 78
Tag 10: Prüfungen 86
Tag 11: Der Tränensee 96
Tag 12: Drachensteigen 104
Tag 13: Das Abendmahl 114
Tag 14: Sein 122
Tag 15: Fesseln 128
Tag 16: Schönheit 136
Tag 17: Regen 144
Tag 18: Verlassen 148
Tag 19: Über Wunden 154
Tag 20: Schwerelos 160
Tag 21: Die Umarmung 166
Tag 22: Abgelenkt 170
Tag 23: Der Spiegel 176
Tag 24: Der Schwarm 180
Tag 25: Die Erschöpfung 186
Tag 26: Ein Bruchteil Gottes 192
Tag 27: Der Seiltanz 200
Tag 28: Frei sein 206
Tag 29: Der letzte Wunsch 216
Tag 30: Gott ist Gott 222
Nachwort 230
Dank 234
Bildnachweise 238

VORWORT

VON TOBIAS TEICHEN

Der Himmel verdunkelt sich. Auf einmal reißt ein Stück Wolkendecke auf. Ein Engelchor schwebt herab und stimmt das Halleluja an. Dann ertönt eine Stimme, die sagt: „Gott hat dir etwas zu sagen!"

Vielleicht tragen wir diese Vorstellung, wie Gott zu uns Menschen spricht, unbewusst manchmal mit uns herum, aber mit der Realität hat das doch wenig zu tun. Dennoch redet Gott – auch heute noch! Ich bin Pastor und erlebe in meiner täglichen Arbeit, dass Gott auf verschiedene Art und Weise zu uns Menschen Kontakt aufnimmt. Durch Zeichen, Impulse und Worte, aber eben auch durch Bilder, die vor unserem inneren Auge erscheinen, wenn wir mit Jesus kommunizieren.

Mit der Autorin dieses Buches, Fabienne Sita, hat Gott in dieser Bildersprache geredet. Mich begeistert die Art und Weise, wie sie ihre inneren Bilder in einer fantasievollen und verständlichen Sprache verpackt hat. Doch genauso fasziniert mich, wie sich ihr persönlicher Weg mit Gott entwickelt hat. Von Unsicherheiten und Zweifeln hin zu einem tiefen Vertrauen zu unserem Schöpfer. Das hat mich ebenfalls herausgefordert, tiefer in mein Inneres abzutauchen und im Dialog mit Gott neue Dimensionen mit ihm zu entdecken.

Ich war beim Lesen immer wieder aufs Neue überrascht, wie oft ich mich selbst in den schonungslos ehrlichen Begegnungen der Autorin mit Gott wiedergefunden habe. Als Pastor muss ich regelmäßig biblische Prinzipien für Menschen neu begreifbar machen. Immer wieder Bilder und Beispiele in meine Predigten einbauen, die biblische Aussagen leichter verständlich machen. Aus diesem Grund habe ich dieses Buch in einem Rutsch durchgelesen. Es hat mich einfach begeistert, denn Fabienne Sita zeigt, wie uralte Wahrheiten auf unerwartete Art und Weise lebendig werden können. Nicht in der Theorie, sondern ganz real in Bildern, in denen Gott der Autorin begegnet, sich ihr vorstellt und sein biblisches Wesen offenbart. Ein Gott, dessen Wesen aus Liebe und Güte besteht, der uns mit seinen Prinzipien immer wieder auf den richtigen Weg bringen kann und niemals müde wird, uns zu ermutigen.

30 TAGE IM
THRONSAAL

TAGTRAUM

TAG 0

Es war Sonntag, ich saß im Gottesdienst und der Pastor hatte gerade seine Predigt beendet. Während die Musik einsetzte, blieb ich in Gedanken versunken sitzen. Ein einzelner Satz aus der Predigt hallte noch in meinem Kopf nach und wollte nicht verschwinden, als wäre er der Meinung, er wäre der Ehrengast der Veranstaltung und dürfte meine ungeteilte Aufmerksamkeit einfordern.

»Wenn du deine Geschichte nicht erzählen kannst, dann schreib doch ein Buch darüber.«

Ein netter Gedanke. Ein Buch zu schreiben, war durchaus etwas, das ich gerne einmal ausprobiert hätte. Leider hatte ich nicht die leiseste Ahnung, wie man Bücher schreibt. Ich wusste auch nicht ansatzweise, wovon mein Buch handeln sollte. Oder wer es lesen sollte. Außerdem hatte ich nicht den Eindruck, dass ich fürs Schreiben eine besondere Begabung besaß.

Wieder einmal spürte ich diesen alten Schmerz in mir. Meine Leidenschaft ist es, Neues zu erschaffen, meine Kreativität einzusetzen, um Menschen zu berühren. Die Realität machte mir jedoch schon seit geraumer Zeit einen Strich durch diese

Rechnung. Ein Strudel negativer Gefühle zog mich nach unten und brachte mich emotional an den Punkt, dass ich langsam anfing, an meinem Selbstwert zu zweifeln. Doch nicht nur das. All die enttäuschten Hoffnungen, die wieder und wieder im Gebet bei einer weiteren Bewerbung auf eine Arbeitsstelle aufgekommen waren, ließen in mir langsam auch die Frage entstehen, wo denn eigentlich dieser Gott war, an den ich zu glauben behauptete.

Die Band spielte weiter. Der Strom der Musik drohte, sich mit dem meiner Tränen zu mischen, gegen die ich mit geschlossenen Augen ankämpfte. Wie ein kleiner Fleck blauen Himmels zwischen den Sturmwolken in meinem Kopf schob sich da ein kleiner, neuer Gedanke in den Vordergrund:

Dreißig Tage.

Ich hatte keine Ahnung, was das zu bedeuten hatte. Ich wandte mich an denjenigen, den ich meiner Erfahrung nach hinter derartigen Geistesblitzen vermutete: »Gott? Was meinst du damit?«

Die Antwort bestand aus zwei weiteren rätselhaften Worten, die noch weniger Sinn ergaben:

Dreißig Tage im Thronsaal.

War das – eine Aufforderung? Eine Einladung? Ich konnte immer noch nicht viel damit anfangen. Während ich darauf wartete, ob Gott noch mehr dazu zu sagen hatte, schossen mir bereits die ersten Fragen durch den Kopf. Wo sollte sich dieser Thronsaal befinden? Und wie sollte ich dorthin kommen?

Bevor ich jedoch dazu kam, eine dritte Frage zu formulieren, spielten sich wie in einem Tagtraum Fragmente von Szenen und Eindrücken aus einem Thronsaal vor meinen geschlossenen Augen ab. Es war kurz, es war schnell wieder vorbei und es ergab noch nicht allzu viel Sinn. Es kam mir wie eine Vorschau zu etwas Größerem vor, etwas, das mehr Zeit verlangte, um vollständig erfasst zu werden. Aber die Bilder waren eindeutig und lebendig.

Dreißig Tage?

Also gut.

Anscheinend wollte Gott mir etwas zeigen. Ich wusste nicht, wo, ich wusste nicht, wie oder was, aber ich hatte um eine Idee gebeten und ich hatte eine Idee bekommen. Also entschied ich mich, Gott für den nächsten Monat eine neue Chance zu geben, mich zu überraschen. Dreißig Tage wollte ich mich bereit machen für eine Begegnung mit ihm.

Die Band spielte ihr letztes Lied, ich öffnete meine Augen und stand auf.

»IST ES NICHT DAS, WAS DU ERWARTET HAST?«

DIE ENTTÄUSCHUNG

TAG 1

Der nächste Morgen war ein Montag. Ich war müde, meine To-do-Liste war lang und die Sache mit dem Thronsaal hatte ich schon wieder halb vergessen. Ich hatte andere Dinge vor, die hauptsächlich aus besagter To-do-Liste bestanden, und an die wollte ich mich möglichst schnell setzen. Stattdessen machte ich mir erst einmal ein Müsli und setzte mich an den Küchentisch.

Als Begleitlektüre für mein Frühstück wählte ich mein Andachtsbuch und schlug es dort auf, wo ich zuletzt stehen geblieben war. Noch bevor ich zu lesen angefangen hatte, schossen mir die Worte »Dreißig Tage im Thronsaal« durch den Kopf. Auf der Seite, die ich aufgeschlagen hatte, war ein Foto abgebildet, das mich augenblicklich an den Thronsaal aus meinem Tagtraum vom Abend zuvor erinnerte.

Stimmt, da war was gewesen.

Die Bibelstelle zur Andacht stammte aus Psalm 27: »Um eines habe ich den Herrn gebeten; das ist alles, was ich will: Solange ich lebe, möchte ich im Hause des Herrn bleiben. Dort will ich erfahren, wie gut der Herr es mit mir meint, still nachdenken im heiligen Zelt.«

TAG 01 DIE ENTTÄUSCHUNG

Das brachte mich zum Nachdenken. Ein Thronsaal war für mich schon seit Langem ein Bild für den Ort, an dem Gott wohnt. Die Bibel beschreibt Gott häufig als einen König, der von seinem Thron aus das Schicksal dieser Welt lenkt. Für mich war dieser Thronsaal aber mehr als nur eine Audienzstätte oder ein Gerichtssaal – er war Gottes Wohnung. Der Ort, an dem er zu Hause war, wenn man das so sagen konnte.

Der Text des Psalms und mein Eindruck von gestern ergaben auf einmal etwas, das Sinn machte: Ich wollte Gott in seinem Haus besuchen, und das dreißig Tage lang.

Das hörte sich gut an.

Und ein wenig seltsam. Wie um alles in der Welt sollte ich Gott »in seinem Haus« besuchen? Am Ende war die Idee vom Thronsaal doch nur ein Bild. Ich konnte mir ja nicht Schuhe und Jacke anziehen und zu meinem Mann sagen: »Du, ich bin jetzt mal für eine Weile bei Gott im Thronsaal.« So viel war klar.

Aber wenn ich über die ganze Sache als Bild nachdachte, konnte ich ja eventuell auch meine »Besuche« bildlich verstehen. Wie man vielleicht bereits mitbekommen hat, bin ich ganz gut im Tagträumen. Es hat Vor- und Nachteile, eine stark visuell ausgeprägte Wahrnehmung zu besitzen. Das hier war einer der Vorteile. Als ich daher die Augen schloss und mich entspannte, war ich nicht allzu sehr überrascht, als sich nach einer Weile vor meinem inneren Auge ein Tagtraum abzuspielen begann.

Ich stand am Fuß einer weißen, steinernen Treppe. Sie führte auf einen Berg hinauf. Als ich den Stufen mit meinen Augen folgte, sah ich weit oben in großer Entfernung den winzigen Umriss eines Gebäudes, die Treppe dorthin schien endlos zu sein. Angesichts des Umstands, dass ich nicht wirklich das bin, was man für gewöhnlich als sportlich bezeichnet, verspürte ich keine große Lust, mich an den Aufstieg zu wagen. Hatte das Motto nicht »Dreißig Tage im Thronsaal« geheißen und nicht »Dreißig Tage auf einer weißen Treppe«?

Da ich jedoch außer der Treppe nichts anderes Sehenswertes ausmachen konnte und das Gebäude oben keine Anstalten machte, zu mir herunterzukommen, setzte ich dann doch widerwillig meinen Fuß auf die erste Stufe.

Während ich langsam die Treppe hinaufstieg, bemerkte ich einen Mann, der neben mir herging. Ich konnte nicht ausmachen, woher er auf einmal gekommen oder wie lange er schon neben mir gelaufen war. Er trug unauffällige, weiße Kleidung und war auch ansonsten eher unscheinbar. Ich schätzte ihn auf Anfang dreißig. Es fühlte sich seltsam natürlich an, ihn neben mir zu haben. Es war ein wenig, als wäre man einem alten Bekannten über den Weg gelaufen, dessen Anwesenheit man schon immer genossen hat, an dessen Namen man sich nur gerade nicht erinnern kann. Während ich noch damit beschäftigt war, meinen neuen Begleiter zu studieren, ergriff er das Wort.

»Weißt du, von unten sieht der Aufstieg für jeden unbezwingbar aus«, sagte er. »Das erste Mal ist immer am schlimmsten, weil man nur sieht, wie lang die Treppe ist und wie kurz die eigenen Beine sind. Man rechnet sich aus, wie viel Kraft man für den Aufstieg bräuchte, und kommt zu dem Schluss, es sei unmöglich. Dabei vergisst man lediglich, Gott in die Rechnung mit einzubeziehen.«

Im selben Moment, in dem er das Wort »einzubeziehen« aussprach, nahm mein Fuß die letzte Stufe und wir waren oben angelangt.

Verdutzt drehte ich mich um. Wie war denn das plötzlich so schnell gegangen? Ich war nicht einmal außer Puste. Die Treppe jedoch war von oben betrachtet noch genauso lang wie zuvor. Ich sah den Mann an. Er lächelte, ein wenig vergnügt.

»Viele Menschen wollen zwar Gott begegnen, aber sie vergessen dabei, dass er auch ihnen begegnen möchte. Deshalb sieht der Weg zu ihm aus ihrer Perspektive oft unüberwindbar aus. Viele geben auf, bevor sie überhaupt angefangen haben.«

Ich musste daran denken, dass auch ich beinahe in diese Kategorie gefallen wäre.

»Gott«, fuhr der Mann fort, »wartet jedoch nur darauf, dass wir einen ersten Schritt auf ihn zukommen. Den Rest des Weges kommt er uns ganz von allein entgegen.«

Gemeinsam gingen wir zu dem Gebäude, das sich aus der Nähe betrachtet als wesentlich größer herausstellte, als es vom Fuß der Treppe her den Anschein gemacht hatte. Es war vollständig aus grauem Stein. Zugegeben, ich fand es nicht besonders schön. Ein bisschen langweilig, wie bürgerliche Nachkriegsarchitektur. Der Mann führte mich zum Eingang. Auch wenn mich mein erster Eindruck hätte vorwarnen können, hatte ich doch insgeheim irgendwo ein großes, prächtiges Tor erwartet, mit goldenen Türflügeln und prunkvollen Rahmenverzierungen und himmlischem Licht, das aus dem Türspalt strahlte.

Wir kamen vor einer kleinen Holztür zu stehen.

»Hier ist der Eingang zum Thronsaal. Bist du bereit?«, fragte der Mann.

Was war denn das für eine Frage? Klar, von außen entsprach das Bisherige nicht ganz meinen Erwartungen, aber warum sollte ich nicht bereit sein? Ich hatte am Tag zuvor doch schon erste Bilder vom Inneren des Thronsaals gesehen; deswegen war ich schließlich hier. Das war bestimmt ein Trick, dachte ich, so wie mit der Treppe. Nichts ist, wie es scheint. Harte Schale, weicher Kern. Der Mensch sieht, was vor Augen ist, der Herr aber –

Ich öffnete die Tür und ging hinein. Und war augenblicklich fassungslos. Mir stand die Enttäuschung nicht ins Gesicht geschrieben, sie war eintätowiert.

Das Innere des Gebäudes war dunkel und kahl. Die Innenwände bestanden aus demselben tristen Stein wie ihre Außenseiten, lediglich ein paar Fenster waren weit oben in die Mauern eingebracht, und das spärliche Licht, das durch sie fiel, reichte gerade aus, um einen Holzstuhl erkennen zu lassen, der im hinteren Drittel des Raums stand. Ansonsten war das Gebäude leer. Ich ging ein paar Schritte in die gähnende Leere hinein, spähte in die Ecken. Nichts. Ein Holzstuhl in einem leeren Zimmer.

Ich wurde wütend. Tatsächlich wurde ich derart wütend, dass ich mich auf der Stelle umdrehte, aus der Tür und am Mann, der danebenstand, vorbeistampfte und mich daranmachte, die Treppe wieder hinabzusteigen. Veräppeln konnte ich mich selbst.

»Ist es nicht das, was du erwartet hast?«, fragte der Mann, der noch dort stand, wo ich ihn stehen gelassen hatte. Ich entschied mich, eine derartige Frage nicht zu beantworten.

»Vielleicht hast du nicht alles gesehen?«

Wollte er mich jetzt auch noch für dumm verkaufen? Da gab

es nichts zu übersehen! Der Raum war leer gewesen, bis auf diesen lächerlichen Stuhl. Ich war beleidigt, aber ich musste zugeben, dass ich mir dann doch nicht hundertprozentig sicher war. Der Raum war relativ dunkel gewesen und ich war sehr schnell wieder nach draußen gelaufen. Was, wenn ich tatsächlich etwas übersehen hatte? Etwas, das der ganzen Farce doch noch einen Sinn gab? Eine Kleinigkeit nur, die meine Wahrnehmung des Raums verändert hätte?

Blödsinn, der Raum war leer gewesen, ich war ja nicht blind. Außerdem ging es gar nicht darum. Die eigentliche Frage war ja: Wo war Gott? Um ihn ging es doch. Sah so sein glorreicher Thronsaal aus?

Ich bemerkte, dass ich stehen geblieben war. Ich war sauer, aber ich konnte, ja, wollte auch nicht einfach mit leeren Händen wieder die Treppe hinabgehen. Widerwillig gab ich der Sache also eine letzte Chance.

Ohne den Mann eines Blickes zu würdigen, ging ich an ihm vorbei erneut in das Gebäude. Es war immer noch leer. Leer und grau und dunkel und leer. Ich ging einmal von vorne nach hinten und wieder zurück, sah zur Decke hoch – vielleicht hatte sich ja dort etwas versteckt – und unter den Stuhl, aber es war nichts da. Ich hatte nichts übersehen.

Ich klammerte mich an das Einzige, was in der Lage war, dem Ganzen doch noch einen kleinen Fetzen Sinn zu geben.

Den Stuhl.

Ich setzte mich ihm gegenüber auf den kalten Boden und starrte ihn an, während ich auf eine Eingebung wartete.

Stuhl. Braun. Holz. Vier Beine. Lehne. Stuhl.

Stuhl Stuhl Stuhl Stuhl.

Blöder Stuhl.

Mein Kopf blieb so leer wie dieser Stuhl, so leer wie das ganze Gebäude. Ich löste meinen Blick von dem nichtssagenden Ding und entdeckte ein kleines Holzkreuz, das hinter dem Stuhl an der Wand hing. Hatte das davor auch schon dort gehangen?

Ganz langsam, nach und nach, dämmerte es mir und das Licht des Verständnisses begann, meinen Kopf zu erhellen.

Was, wenn der Thronsaal nicht wegen Gott so schlicht gehalten war, sondern wegen mir? Wäre ich tatsächlich vor einem

TAG 01 DIE ENTTÄUSCHUNG

grandiosen Dom angekommen, mit diamantbesetzten Toren, goldstrahlenden Kapitellen, einem majestätischen Thron und Gottes blendender Herrlichkeit – hätte ich mich jemals getraut, auch nur einen Fuß in solch ein Gebäude zu setzen? Vor diesem Gott hätte ich höchstwahrscheinlich die Beine in die Hand genommen, die Zimmertür hinter mir verriegelt und mich unter meiner Bettdecke verkrochen. Zu gut wusste ich um meine Unzulänglichkeiten, darum, wie klein ich war und wie groß meine Schwächen waren – wie viele Absagen ich in letzter Zeit auf meine Bewerbungen bekommen hatte. Im Angesicht von Gottes Vollkommenheit wäre meine Unvollkommenheit so deutlich zutage getreten wie Erde unter einer zu dünnen Schicht Schnee.

Gott aber wollte nicht, dass sich all das zwischen ihn und mich stellte. Er wollte sich mit mir treffen. Deshalb, so war mir nun klar, hatte er sein Zuhause für unsere erste Begegnung so gestaltet, dass ich auch nicht im Entferntesten gezögert hatte einzutreten. Er hatte seine ganze königliche Großartigkeit und Herrlichkeit für mich abgelegt, damit ich ihn ohne Vorbehalte besuchen konnte.

Ein weiterer Gedanke kam mir. Eigentlich hatte Jesus ja dasselbe getan (vielleicht lag das ja in der Familie): Er hatte all seine Göttlichkeit aufgegeben, damit er uns einfach *besuchen* kommen konnte. Wäre er im göttlichen Rolls Royce aufgefahren und hätte seine himmlischen Heerscharen vor sich auflaufen lassen – wie es ihm meiner Meinung nach durchaus zugestanden hätte –, hätte sich wohl kein Mensch auch nur in seine Nähe getraut. Sie wären ihm vielleicht nachgefolgt, aber doch aus Angst und nicht aus Überzeugung.

Stattdessen ließ er sich so weit herab, dass Menschen sich sogar über ihn stellen konnten. Wie ich gerade, als ich voller Arroganz und Blindheit seine Absichten falsch verstanden hatte, aus dem Zimmer gestürmt war und mir das Recht herausgenommen hatte, auf ihn sauer zu sein, anstatt seinen schlichtesten, reinsten Annäherungsversuch wertzuschätzen.

Jesus hatte sich den Beruf des Schreiners als Tätigkeit für seine Zeit auf dieser Welt ausgesucht. Ein Schreiner baut Dinge – unter anderem Holzstühle, fiel mir auf –, er repariert sie auch, wenn sie kaputtgehen. Kaputtgegangen war in letzter Zeit auch etwas in mir: mein Herz. Mein Herz, das enttäuscht und entmutigt war. Mein Herz, das angefangen hatte, zu zweifeln und zu hadern. Mein Herz, das aufgehört hatte, an sich und an Gottes Möglichkeiten zu glauben. Ich hatte ein kaputtes Herz. Und jetzt war ich genau deswegen hier. Stühle schreinern und Herzen reparieren ... Es ging um mein Herz!

In mir löste sich mit einem Mal ein Druck, den ich bislang nicht einmal wahrgenommen hatte. Mein Herz atmete auf, als wäre es nach zu langer Zeit unter Wasser endlich an die Oberfläche gekommen. Die Anspannung, mich beweisen, mich durch Aussehen und Leistung hervortun zu müssen, mich andauernd zu vergleichen, all das hatte in diesem Thronsaal von Anfang an keinen Platz gehabt, und erst jetzt merkte ich, wie gut mir das tat. Ich konnte einfach so sein, wie ich war, genauso schlicht, simpel und leer wie dieser Raum.

Tiefe Ruhe und Wärme legten sich wie eine väterliche Umarmung um mich und hüllten mich ein. Es war ein göttlicher Moment und ich kostete ihn aus, solange es ging.

Schließlich spürte ich, dass es Zeit geworden war, zu gehen, und ich stand auf. Vor mir stand noch immer der Holzstuhl. An der Wand dahinter hing das Kreuz. Jetzt tat es mir tatsächlich ein bisschen leid, diesen prachtvollen Thronsaal verlassen zu müssen. Ein letztes Mal atmete ich die heilige Schlichtheit dieses Ortes ein, dann trat ich mit einem Lächeln ins Freie, wo mein Begleiter in Weiß bereits auf mich wartete und mich mit einem: »Du kannst wiederkommen, wann immer du willst«, verabschiedete.

Er machte keine Anstalten, mich auf meinem Rückweg die Treppe hinunter ebenfalls zu begleiten, was mir die Vorfreude auf den Abstieg ein wenig schmälerte. Doch als ich an der Treppe ankam, bestand sie zu meiner Überraschung nur noch aus einer einzigen Stufe. Der Mann hinter mir sah meine Verwunderung und lachte.

»Der Weg von Gott zurück in den Alltag ist immer leichter als andersherum, nicht wahr?«

ICH
BIN
DA!

DAS CANDLE-LIGHT-DINNER

TAG 2

Am heutigen Tag war ich beinahe nervöser als gestern. Da war ich mit der Ungewissheit des Neuankömmlings zum Thronsaal gegangen. Heute jedoch war es die Ungewissheit der Wiederkehrenden, die nicht sicher war, ob sie nicht doch nur etwas Einmaliges erlebt hatte. Was, wenn ich mich bei meinem Dreißig-Tage-Projekt doch geirrt hatte und mein erster Besuch alles gewesen war, was Gott für mich vorbereitet hatte – ein kleiner Ansporn nur, um wieder mehr Zeit mit ihm zu verbringen? Vielleicht war es ja besser, nichts zu erzwingen und ein paar Tage abzuwarten, ehe ich denselben Weg ein weiteres Mal beschritt.

»Du kannst jederzeit wiederkommen«, hatte der Mann in Weiß gestern Morgen gesagt.

»Aus Angst aufzugeben, kommt nicht infrage«, hatte mein Ehemann gestern Abend gesagt.

Also gut.

Mit einer neuerlichen Schüssel Müsli setzte ich mich an den Küchentisch, atmete dreimal tief durch und schloss meine Augen.

TAG 02 DAS CANDLE-LIGHT-DINNER

Die Treppe war noch da. Das war bereits ein guter Anfang. Tausendstufig wie am Tag zuvor wand sie sich den Berg hinauf, doch nach meinen Erlebnissen von gestern machte sie trotz ihrer Länge nur noch wenig Eindruck auf mich. Mit großen Sätzen nahm ich mehrere Stufen auf einmal und befand mich kurz darauf bereits oben. Wie in aller Welt das funktionierte, sollte mir ein Rätsel bleiben, aber egal – ich war oben.

Ich sah mich um. Alles war wie am Tag zuvor. Nicht weit von mir entfernt stand das Steingebäude, an dessen Vorderseite ich die kleine Holztür erkennen konnte. Neben ihr wartete der Mann in Weiß. Ehrlich gesagt sah das alles dem gestrigen Tag ein wenig *zu* ähnlich. War das hier wirklich etwas Neues oder lediglich eine Wiederholung?

Ich ging auf den Mann in Weiß zu. Er begrüßte mich und führte mich um das Gebäude herum zur linken Seite, welche ich bisher noch nicht gesehen hatte. Dort war eine zweite Tür, die ein wenig größer war als die vorne und zudem mit feinen Schnitzarbeiten am Türrahmen versehen. Diese neue Tür schien mir ein gutes Zeichen dafür zu sein, dass heute nicht alles beim Alten bleiben würde. Gleichzeitig konnte die Tür nicht wirklich woanders hinführen als in denselben Raum wie gestern, und den kannte ich ja schon. Sicher, gestern mochte das alles noch neu und revolutionär gewesen sein, aber heute? Heute ging es nicht um meine Selbstzweifel. Heute ging es darum, dass ich ganz einfach Angst davor hatte, nichts Neues zu erleben und enttäuscht zu werden.

»Gott kennt deine Ängste«, sagte der Mann in Weiß, der anscheinend meine Gedanken lesen konnte. Er lächelte wieder. Er schien das gesamte Repertoire an freundlichen Gesichtsausdrücken zu beherrschen: Diesmal war es ein kleines, glückliches Lächeln wie das eines Vaters, der seiner Tochter beim Schlafen zusieht.

»Das mag ja sein«, entgegnete ich, »aber ich habe trotzdem Angst, dass alles gleich ist.«

»Ich kann dir nicht sagen, was dich auf der anderen Seite der Tür erwartet«, sagte er. »Was ich dir sagen kann, ist, dass der einzige Ort, an dem du sicherlich nichts Neues erleben wirst, auf dieser Seite der Tür liegt.«

Er hatte ja recht. Wie sollte ich etwas Neues erleben, wenn

ich nicht einmal in den Thronsaal hineinging? Also öffnete ich die Tür und trat ein.

Ich gelangte in denselben steinernen Raum, doch er wirkte freundlicher, heller und wärmer. Durch große Fenster aus Buntglas drangen kräftige Sonnenstrahlen, die, in Dutzende Farben gebrochen, fließende Tänze auf Boden, Wänden und Decke vollführten. Für einen Moment stand ich da und genoss die Schönheit des Lichts, ehe ich mich daran erinnerte, dass ich ja hier war, um etwas zu *erleben*.

Noch immer war der Großteil des Raumes leer. Nur in der Mitte standen zwei Stühle und zwischen ihnen ein kleiner, viereckiger Tisch, über den ein Tischtuch gebreitet war. In zwei Kerzenhaltern steckten brennende Kerzen und es waren zwei Teller und Besteck gedeckt worden. Jemand hatte anscheinend ein Dinner geplant.

Wer und für wen blieb zu vermuten, doch ich ahnte, dass es für mich war. Wollte Gott selbst mit mir zu Abend essen? Ich konnte kein Anzeichen seiner Anwesenheit erkennen. Da jedoch auch nach einigen Minuten niemand kam und sich nichts tat, beschloss ich schließlich aus Mangel an Alternativen, mich auf einen der Stühle zu setzen, auch wenn ich nicht wirklich wusste, worauf ich warten sollte.

Lange Zeit passierte nichts. Je länger ich alleine an jenem leeren Tisch saß, umso mehr kam ich mir vor wie jemand, der im Restaurant sitzen gelassen wurde. Wer auch immer hätte kommen sollen, empfand es anscheinend entweder als nicht notwendig, pünktlich zu erscheinen, oder er hatte mich ganz vergessen. Meine Laune verdunkelte sich zusehends.

Es wäre ja nicht das erste Mal, dass mich jemand sitzen gelassen hätte. Als wäre eine Filmrolle eingelegt worden, spulte sich in meiner Erinnerung eine Situation nach der anderen ab, in der ich im Stich gelassen, vergessen und als nicht wichtig genug erachtet worden war. Meine aufkeimende Melancholie wurde durch die verblassenden Sonnenstrahlen noch verstärkt, denn von den ehemals kräftigen Farbspielen blieben nichts weiter als matte Schatten zurück.

Ich begann mich zu schämen. Dieser Tisch war doch offensichtlich für zwei Personen gedeckt und hier saß ich nun allein, während imaginäre Leute um mich herum verstohlene Blicke zu mir herüberwarfen. Auch wenn nicht wirklich jemand da war, so blieb doch das Gefühl, belächelt zu werden. Die Stille wurde mir unerträglich.

Ich wollte aufstehen und verschwinden, als mein Blick auf ein kleines Kärtchen fiel, das in der Mitte des Tisches lag. In einer großen, festen Handschrift waren acht Buchstaben darauf geschrieben:
ICH BIN DA.

Wenn die Worte das bedeuteten, was ich dachte, hieß das, dass Gott wohl schon die ganze Zeit am Tisch gesessen hatte und bereits da gewesen war, noch bevor ich den Raum betreten hatte.

»Wieso kann ich dich nicht sehen?«, fragte ich laut. Mir waren die Worte auf der Karte kein großer Trost. »Wäre das nicht einfacher?«

Augenblicklich erhielt ich eine Antwort. Sie kam in Form einer Frage, die ich ganz deutlich in meinen Gedanken hörte.

»Zeige ich mich dir dieses Mal, was passiert dann in der nächsten Situation, in der du dich einsam und im Stich gelassen fühlst? Wirst du dann nicht wieder erst dann in der Lage sein, mir zu vertrauen, wenn ich mich dir zeige?« Natürlich hätte Gott sich mir zeigen können. Aber er kannte mich und ich erinnerte mich an eine Geschichte, die mir neulich erzählt worden war.

Vor Kurzem war eine Freundin von mir zum ersten Mal Mutter geworden. Als ich sie einige Monate nach der Geburt zum Frühstück besuchte, erzählte sie mir unter anderem, dass sie kaum für zwei Minuten das Zimmer verlassen konnte, ohne dass ihre neugeborene Tochter innerhalb kürzester Zeit zu schreien anfing. Das Baby war darauf angewiesen, die Mutter ständig im Blickfeld zu haben, um sich ihrer Anwesenheit sicher sein zu können. Erst später würde es lernen, darauf zu vertrauen, dass die Mutter in der Nähe und zur Stelle war, sobald es sie brauchte, selbst wenn es sie nicht sah.

Ich blickte erneut auf die Karte. Es schien, als sagte Gott zu mir: »Tochter, wenn du mich nicht siehst, bedeutet das nicht, dass ich nicht da bin, ich dich nicht höre oder nicht zur Stelle bin, wenn du mich brauchst. Und ich denke, du bist alt genug, um das zu verstehen.«

Meine dunkle Miene verwandelte sich in ein selbstironisches Lächeln. Ich hatte mich tatsächlich ein wenig wie ein kleines Baby benommen. Gott jedoch traute mir anscheinend mehr zu. Er wusste, dass ich mich im Alltag nur an sein Versprechen zu erinnern brauchte, dass er bei mir sein würde, auch wenn ich ihn nicht sehen konnte. Eben genauso wie ein Kind weiß, dass seine Eltern auf es aufpassen, egal, wo es ist.

Ich blickte auf die beiden Teller vor mir, auf denen inzwischen ein perfektes Abendessen vor sich hin dampfte. Stimmt, dachte ich, ich bin ja eigentlich zum Essen eingeladen worden.

»Wie unhöflich von mir«, entschuldigte ich mich bei meinem unsichtbaren Gastgeber und ließ mir das Essen schmecken. Zwischendurch erzählte ich Gott, was ich die letzten Tage erlebt hatte. Die Wolken, die sich noch vor Kurzem vor die Sonne draußen geschoben hatten, hatten sich aufgelöst und die Farben der Fenster erstrahlten wieder in aller Kraft.

Als ich mein Essen beendet hatte, stellte ich fest, dass der Teller mir gegenüber ebenfalls leer war.

»Freut mich, dass es dir auch geschmeckt hat«, sagte ich und fügte mit ernster Miene hinzu: »Wäre sonst ja auch seltsam, du hast es ja schließlich selbst gekocht.«

DIE HÜTTE UND DER TANZ

TAG 3

Es war Mittwoch und ich war müde. Der gestrige Tag hatte sich als übermäßig anstrengend erwiesen und die Nacht hatte mir nicht die Erholung verschafft, auf die ich gehofft hatte. Langsam setzte ich einen Fuß nach dem anderen auf die Stufen der Treppe, in der Hoffnung, sie würde mich ähnlich schnell zum Thronsaal bringen wie am Tag zuvor. Ich hoffte vergeblich, denn heute stellte sie sich mir wie am ersten Tag mit all ihrer Endlosigkeit entgegen. Ihre Stufen wollten nicht weniger werden. Auch wenn ich anfangs kaum gezögert hatte, kämpfte ich jetzt um jeden Schritt.

Der Mann in Weiß lief neben mir. Ich genoss seine Anwesenheit, auch wenn er mir heute den Aufstieg nicht zu verkürzen beabsichtigte.

»Warum ist es heute so anstrengend?«, fragte ich ihn. »Warum bin ich so müde?«

Der Mann ließ sich ein wenig Zeit, ehe er antwortete: »Weißt du, je besser du Gott kennenlernst, desto leichter fällt es dir, den Weg zu ihm anzutreten. Das bedeutet aber nicht, dass der Weg zu ihm immer gleich einfach ist. Gott kommt dir stets entgegen, mal sofort, mal später. Aber manchmal ist es auch anstrengender und nur Gott weiß, warum. An einigen Tagen wird es dich mehr Kraft kosten, als du zu besitzen denkst. Doch wird es nie mehr sein, als du hast.«

Der Gedanke, dass nicht jeder Tag so mühsam sein würde wie dieser, war nur ein schwacher Trost für meine schmerzenden Knie, die kaum noch die nächste Stufe nehmen wollten.

»Komm«, sagte da der Mann, »lass uns heute einmal einen anderen Weg nehmen.«

Wie bitte? Einen anderen Weg? Wie konnte es auf einer Treppe einen anderen Weg geben als nach oben und nach unten? Stiegen wir etwa wieder ab?

Doch als ich aufblickte, musste ich feststellen, dass die Treppe verschwunden war und wir uns auf einem Feldweg befanden, der sich durch eine Sommerwiese schlängelte. Er führte noch immer leicht bergauf, doch die Steigung war wesentlich sanfter geworden. Der Duft von Feldblumen stieg mir in die Nase. Die frische Luft, der blaue Himmel und der Sonnenschein gaben mir genug Kraft, um meine Wanderung zumindest noch ein Stück fortzusetzen, auch wenn die Müdigkeit mich weiterhin bleiern umgab. Ich war daher froh, nach einiger Zeit in geringer Entfernung eine kleine Berghütte zu sehen, wie ich sie aus meiner Heimat, den Schweizer Bergen, kannte.

»Ist das der Thronsaal?«, fragte ich den Mann in Weiß.

Er lachte kurz auf. »Nein«, antwortete er. »Das ist nur eine Zwischenstation, damit du dich ein wenig ausruhen kannst. Ein kleiner Gefallen von Gott.«

Ich war zu erschöpft, um weitere Fragen zu stellen. Wir erreichten das Haus und ich trat dankbar ein. Das Innere war so gemütlich, wie man es von einer Berghütte erwartet. Der Hauptraum war in eine Essecke, eine Küche und ein Wohnzimmer unterteilt und vollständig mit dunklem Holz verkleidet. Die Stühle und Tische waren im Gegensatz dazu aus hellerem Holz und verliehen dem Raum zusammen mit den beiden großen Ohrensesseln und den dicken, weichen Kissen und Decken eine gewisse Behaglichkeit. Noch besser als das Versprechen der Kissen jedoch war das des Duftes, der vom Esstisch zu uns herüberwehte. Dort waren auf großen, runden

Holztellern ein noch dampfender Laib Brot, ein Stück Butter und verschiedene Marmeladen angerichtet. Bis zu diesem Moment hatte ich gar nicht bemerkt, wie viel Hunger ich bei all der Anstrengung bekommen hatte. Wir setzten uns also an den Tisch und aßen.

Frisches, gutes Brot ist in meinen Augen schon immer die beste Mahlzeit, die die Menschheit je erfunden hat. Doch das hier war eindeutig das frischeste und beste Brot, das mir bisher untergekommen war: der Gipfel der Brot-Evolution sozusagen.

Nachdem wir mehr gegessen hatten, als gut für uns war, schleppten wir uns zufrieden in den Wohnbereich und fielen in die Sessel. Ich wollte es mir gerade bequem machen, als mir einfiel, dass wir ja eigentlich auf dem Weg zum Thronsaal waren. Wir hatten doch gar keine Zeit für ausgedehnte Pausen.

Also quälte ich mich wieder aus der Gemütlichkeit unter mir und begann, mich für den Restaufstieg bereitzumachen. Der Mann in Weiß blieb mit geschlossenen Augen in seinem Sessel liegen.

»Wollen wir nicht weitergehen?«, fragte ich laut. »Wir müssen doch schließlich noch zum Thronsaal.«

Der Mann seufzte und sagte, ohne die Augen aufzuschlagen: »Wirklich? Bei dem Wetter?«

Ich sah aus dem Fenster. Der blaue Himmel, der eben noch bis zum Horizont gereicht hatte, hatte einer tiefschwarzen Gewitterfront Platz gemacht, welche im Begriff stand, jeden Moment ihre Wut gegen unsere kleine Hütte zu entfesseln. Ich hörte den Wind durch die Dielen pfeifen, ehe ein Blitz und kurz darauf ein gewaltiger Donner explodierte. Von einem Augenblick auf den anderen schüttete es so viel Wasser auf das Haus, dass man hätte meinen können, jemand würde seine himmlische Badewanne über uns auskippen.

Das mit dem Weitergehen hatte sich fürs Erste erübrigt.

»Und was jetzt?«, fragte ich meinen Begleiter, der sich inzwischen die Schuhe ausgezogen und die Füße hochgelegt hatte.

»Jetzt machen wir Pause«, sagte er. »Dafür hat Gott dir diese Hütte doch an den Weg gestellt. Betrachte das Gewitter als Gelegenheit, eine Weile auszuruhen und zu Kräften zu kommen, bis der Sturm weiterzieht.«

Ich musste mir eingestehen, dass ich nicht allzu viel Lust hatte, ihm zu widersprechen. Meine Müdigkeit wurde noch durch das Essen in meinem Magen verstärkt, das erst einmal verdaut werden wollte. Also tat ich es meinem Reisebegleiter nach, zog meine Stiefel aus, legte die Füße hoch, deckte mich mit einer großen Wolldecke zu und war innerhalb weniger Minuten eingeschlafen.

Als ich aufwachte, wusste ich nicht, wie viel Zeit vergangen war. Ich fühlte mich wesentlich besser. Der Sturm tanzte immer noch um unsere kleine Hütte, doch ich war bereit, es mit ihm aufzunehmen. Der Mann in Weiß stand vor einem Fenster, das nach Westen blickte. Er drehte sich zu mir um, als er mich kommen hörte. Wie immer hatte er ein Lächeln auf den Lippen. Diesmal sah er aus, als gäbe es für ihn nichts Schöneres, als dem wilden Tanz des Sturms auf den Bergen zuzusehen.

»Ausgeschlafen?«, fragte er.

»Ich denke, wir sollten weitergehen.«

»Der Sturm ist noch nicht vorüber. Lass uns warten, bis der Regen abgeklungen ist.«

Ich wollte aber nicht länger warten. Die Hütte war ja gemütlich und das Essen gut gewesen. Doch jetzt hatte all das seinen Zweck erfüllt.

»Und was sollen wir währenddessen tun?« Ich konnte in der Hütte beim besten Willen nichts erkennen, weswegen sich ein ausgedehnterer Aufenthalt gelohnt hätte. Deshalb war ich nicht hergekommen. Der Thronsaal wartete auf mich.

»Ich weiß, dass du lieber durch den Sturm hindurch weitergehen würdest. Dass du Angst hast, deine Zeit hier zu vergeuden. Warten ist jedoch manchmal genauso wichtig wie Loslaufen.«

Seine knappen Antworten waren ja für gewöhnlich ganz gut, aber in diesem Moment kam es mir eher so vor, als wolle er mich um den Finger wickeln. Ich versuchte, mit einem guten Spruch eigener Machart zu kontern: »Manchmal muss man aber mitten durch den Sturm gehen, um weiterzukommen.« Nicht schlecht, fand ich.

»Ja, das stimmt«, sagte er. »Manchmal muss man durch den Sturm hindurch. Aber heute sollten wir warten, bis der Sturm vorbei ist.«

Ernsthaft? Das war ja nicht einmal gut gekontert! Das war –
»Wenn du lernst, Ruhe und Warten nicht nur auszuhalten, sondern auch zu schätzen«, fuhr er fort, ehe ich mich weiter echauffieren konnte, »wirst du auch in anstrengenden Zeiten in der Lage sein, zur Ruhe zu kommen und Kraft zu schöpfen.«

Das ergab Sinn. Irgendwie. Ich wusste noch nicht genau, wie, aber ich beschloss, ihm fürs Erste zu glauben. Ich setzte mich wieder hin. Zunächst hatte ich die Idee, die Zeit mit einem Gespräch zu überbrücken. Dann fiel mir wieder ein, dass ich ja lernen sollte, die Ruhe und Stille auszuhalten. Also sagte ich nichts und ließ meine Gedanken wandern. Ich beobachtete die Regentropfen, wie sie gegen die Fenster klatschten und in Miniaturmeisterschaften gegeneinander antraten, um zu ermitteln, wer zuerst das Untere der Scheibe erreichen würde. Ich betrachtete die aufwendigen, liebevoll gestalteten Muster auf den Kissen und die natürliche Verspieltheit der Maserungen an den Deckenbalken.

Die Welt schien für eine Weile Abstand von mir zu nehmen und eine respektvolle Stille breitete sich um mich und in mir aus. Wie lange war es eigentlich her, dass ich zum letzten Mal so dagesessen war? Ein Gefühl von Freiheit, wie ich es schon beinahe vergessen geglaubt hatte, breitete sich ganz tief in mir aus und begann, mit seiner ganz eigenen Kraft zu leuchten. Es war nicht die Kraft, die ich durch den Schlaf erhalten hatte. Ich spürte es nicht in meinen Muskeln oder meinen Knochen. Es war eine Kraft, die das Herz erfüllte, als würden die Füße nach langer Zeit der Schwerelosigkeit wieder den Boden berühren. Ich kannte das Gegenteil dieses Gefühls gut: Häufig schien mir der Boden unter meinen Füßen weggezogen. Es tat gut, wieder festen Grund unter mir zu spüren.

Ich atmete aus und merkte, dass der Regen aufgehört hatte. Ein einzelner Sonnenstrahl war durch die Wolken gebrochen, hatte sich seinen Weg durch eines der Fenster gebahnt und schien mir jetzt wärmend auf die Füße. Mein Reiseführer war bereits dabei, sich die Schuhe anzuziehen.

»Worauf wartest du?«, fragte er vergnügt. »Ich dachte, du wolltest weitergehen? Du hast ja noch nicht einmal deine Schuhe an!«

Ich stand auf und schlüpfte in meine Schuhe. Kurze Zeit

später hatten wir die Hütte hinter uns gelassen und waren wieder auf dem Weg. Der Regen hatte die Welt reingewaschen und die Luft mit einer Frische erfüllt, dass ich gar nicht mehr ausatmen wollte.

Die klare Luft trug leise Musik zu uns herüber. In mir brach etwas los. Ich begann zu rennen. Noch nie hatte ich so viel Lebensfreude in mir gespürt. In kürzester Zeit tauchte der Thronsaal vor mir auf, aus dem ich die Musik lauter und lauter hörte, je näher ich ihm kam. Beinahe rannte ich die Tür ein, um im nächsten Moment in einer himmlischen Musik zu baden, die den Raum durchströmte wie Blut die Adern.

Ich begann augenblicklich zu tanzen. Mit einer Leichtfüßigkeit, wie ich sie von mir nicht kannte, drehte ich mich und hüpfte über den Boden. Der Saal war vollständig verwandelt. Marmorplatten bedeckten den Boden, die Wände und Fenster reichten höher als die höchsten Kirchen, die ich je gesehen hatte, und tausendfarbige Lichter tanzten mit mir und der Musik durch die majestätische Weite. Jedes Mal, wenn ich an ein Ende des Saals gelangte, wichen die Wände zurück und vergrößerten den Raum. Mit jeder Durchquerung wurde er gewaltiger, und bald beschränkte sich mein Tanz nicht mehr nur auf den Marmorboden. Denn ohne es zu merken, hatten sich meine Füße vom Untergrund gelöst und trugen mich durch die gesamte Fülle des Raumes. Unermüdlich tanzte und tanzte ich, als wäre ich nicht aus Fleisch und Blut, sondern Bewegung und Eleganz, leicht wie ein Kolibri, verspielt wie ein Schwarm Delfine. Ich verlor mein Zeitgefühl.

Irgendwann stellte ich fest, dass die Musik verklungen war und ich wieder draußen vor dem Saal stand. Der Mann lehnte neben der Tür an der Mauer.

»Was war das?«, fragte ich ihn, noch immer fassungslos vor Begeisterung. »Bestimmt habe ich Stunden getanzt und bin doch kein bisschen müde! Und der Raum – jedes Mal, wenn ich in die Nähe der Wände kam, hat er sich erweitert. Er nahm gar kein Ende!«

»Was du gerade erlebt hast«, sagte der Mann, »war ein Ausdruck deiner Begabungen: deiner Talente und Leidenschaften, die Gott in dein Wesen hineingelegt hat, damit du sie auslebst und zu seiner Ehre einsetzt.«

Er blickte auf und sah mich an.

»Sie sind wie ein Tanz. In der Hütte musstest du lange warten und lernen, aus der Ruhe Kraft zu schöpfen. Doch es war nur eine Vorstufe zu dem, was Gott für dich vorbereitet hatte. Aus jener Pause heraus hast du die Kraft gewonnen, deine Leidenschaft und Bestimmung auszuleben. Deshalb wurdest du nicht müde.

Wenn du deine Kraft aus der Stille schöpfst, kannst du nicht nur all das freisetzen, was Gott in dich hineingelegt hat, du kannst es auch erweitern. Der Raum, der dem Ausdruck deiner Gaben zur Verfügung steht, wird größer und größer. Gott möchte dir mehr Autorität und Einfluss in den Bereichen geben, in denen er dir Begabungen geschenkt hat. Wenn du dich auf das konzentrierst, wofür Gott dich geschaffen hat, passiert das ganz von allein. Sobald du deine Begabungen zu Gottes Ehre einsetzt, erklingt Musik, die einen ganzen Raum erfüllt und bis in weite Ferne zu hören ist.«

Fasziniert sah ich noch einmal durch die Tür in den Thronsaal zurück, bevor ich mich ermutigt und beschwingt auf den Rückweg machte.

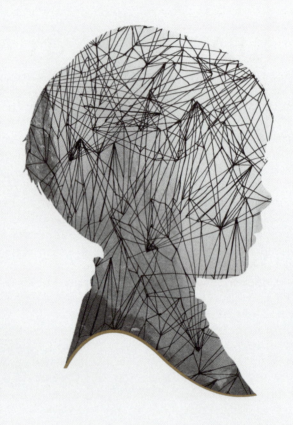

Erwartungen

ERWARTUNGEN

TAG 4

Heute traf ich den Mann in Weiß bereits am Fuß der Treppe.

»Warum bist du denn schon hier?«, fragte ich ihn, während wir mit dem Aufstieg begannen.

»Um dir zu helfen«, antwortete er. Das klang spezifisch.

»Wobei?«

Wie so häufig schien er die Absicht hinter meinen Worten zu erraten, daher antwortete er mit einer Gegenfrage: »Was beschäftigt dich denn heute?«

Ich war an diesem Morgen mit dem Gefühl aufgewacht, mein Verstand wäre ein großer Blätterhaufen und der Tag ein Laubbläser. An den heutigen Besuch knüpfte ich tatsächlich die Hoffnung, an dieser instabilen Situation etwas zu ändern.

»Es geht hauptsächlich um meine Erwartungen«, sagte ich und sah den Mann an. Er bedeutete mir fortzufahren.

»Siehst du, ich habe so viele davon: an mich, an meinen Ehemann, an meine Freunde und Arbeitskollegen – und natürlich auch an Gott. Gleichzeitig sehe ich natürlich all die Erwartungen, die diese Personen auch an mich haben. Ich bin mir nicht sicher, ob ich in der Lage bin, sie zu erfüllen.«

TAG 04 ERWARTUNGEN

Der Mann antwortete nicht gleich. Eine ganze Weile liefen wir schweigend nebeneinander her. Ich spekulierte darauf, dass seine Antwort umso besser sein würde, je mehr Zeit er sich damit ließ. Gut Ding will schließlich Weile haben. Doch stattdessen fiel mir lediglich auf, dass ich, je länger wir liefen, umso mehr das Gefühl hatte, dass meine Augen heute schlechter wären als sonst. Alles sah ein wenig verschwommen aus.

»Was machen denn diese Erwartungen mit dir?«, fragte der Mann schließlich. Ich war ein wenig enttäuscht. War das nicht so eine Nullachtfünfzehn-Sozialpädagogenfrage? *Wie fühlen Sie sich dabei?* Ich sah ihn an. Er meinte die Frage ernst. Zusätzlich zu meiner sich stetig verschlechternden Sicht schien mir inzwischen auch das Gehen schwerer zu fallen, als hätte ich auf einmal einen vollbepackten unsichtbaren Rucksack auf dem Rücken.

»Nun ja«, antwortete ich, »ich denke wohl, ich habe Angst. Meine Ansprüche an mich selbst sind die größten von allen. Hat nicht jeder Mensch ein Bild von sich, dem er zu entsprechen versucht?« Der Mann verzog keine Miene. »Mir geht der Gedanke nicht aus dem Kopf, was passieren würde, sollte ich es nie schaffen, diesem Bild zu entsprechen.«

Ich war außer Atem und konnte kaum noch weitergehen. Die Welt sah aus, als würde ich sie durch ein milchiges Glas betrachten. Alle Konturen verschwammen zu einem trüben Brei. Ich rieb mir die Augen, aber es wurde nicht besser. Das Gewicht auf meinem Rücken wurde auch nicht leichter und drückte mich zu Boden. Was behinderte mich so? Ich tastete nach hinten, doch da war nichts. Ich blieb stehen und stützte mich auf der nächsten Stufe ab, unfähig, einen weiteren Schritt zu machen.

»Soll ich es dir abnehmen?«, fragte der Mann. Ich wusste nicht, was er sah, das ich nicht sah, doch die Last auf meinem Rücken war kaum noch zu ertragen. Ich nickte.

Etwas wurde von mir gehoben und ich richtete mich auf. Ich rieb mir die Augen. Die Welt war wieder klar. Vor mir erstreckte sich ein Garten von so großer Schönheit, dass ich mir erneut die Augen rieb. Aus allen Ecken quollen Blumen hervor und verbreiteten einen fantastischen Duft. Bunte Sträucher und Bäume waren in perfekter Anordnung auf den Rasen komponiert; aus ihren Schatten drang der Gesang von Vögeln und immer wieder blitzten Schmetterlingsflügel auf. Ich war derart überwältigt von der Pracht dieses Anblicks, dass ich einen Schritt zurück machte und dabei gegen eine Gartenbank stieß, welche einladend im Schatten einer majestätischen Buche stand. Ich fiel nach hinten und plumpste darauf.

»Ist das der Garten hinter dem Thronsaal?«, fragte ich.

»Nein«, antwortete der Mann in Weiß, »das ist der Thronsaal.«

Jetzt entdeckte ich zierliche Säulen aus Glas, die beinahe unsichtbar zwischen den Bäumen aufragten und eine hohe, gläserne Decke trugen, durch die das Sonnenlicht ungehindert in den Garten schien. Ich konnte keine Wände erkennen.

»Gefällt er dir?«

»Wie sind wir hierhergekommen?«, fragte ich. Meine Frage schien ihn zu überraschen.

»Wir sind gelaufen«, antwortete er.

»Das kann nicht sein. Ich kann mich nicht erinnern, dass wir einen Garten betreten hätten. Das wäre mir doch aufgefallen!«

Ich erwartete, dass er wieder eines seiner unvergleichlichen Lächeln aufsetzen würde, doch er sagte mit ernstem Gesichtsausdruck: »Erinnerst du dich nicht, dass du gerade kaum sehen konntest? Deine Erwartungen schränken dein Sichtfeld oft so ein, dass du nur das sehen kannst, was du sehen willst. Deswegen spricht man auch von einem Erwartungshorizont – und deiner ist so klein, dass dieser Garten darin keinen Platz hat.«

Warum sprach er in der Gegenwartsform?

»So wie dieser Garten übertrifft Gott all deine Vorstellungen. Er möchte sich dir so zeigen, wie er wirklich ist. Doch dazu musst du ihm erlauben, deinen Horizont zu erweitern. Ansonsten bleibt er so winzig wie das Bild, das du von ihm hast.«

In dem Moment, in dem der Mann aufhörte zu sprechen, verschwand der Garten und wurde wieder durch trüben Nebel ersetzt. Der unsichtbare Rucksack kehrte zurück und drückte mich erneut zu Boden. Es passierte so schnell, dass ich hinfiel. Ich spürte, wie der Mann mir seine Hand gab und mir aufhalf.

»Was ist passiert?«, keuchte ich. »Ich dachte, Gott wollte meinen Horizont erweitern?« Ich konnte nicht einmal das Gesicht des Mannes ausmachen, als er mit mir sprach.

TAG 04 ERWARTUNGEN

»Was du gerade erlebt hast, war nur möglich, weil ich dir deine Erwartungen für eine kurze Zeit abgenommen habe, um dir zu zeigen, was dir entgeht, wenn du dich an deine eigenen Vorstellungen klammerst. Die echte Entscheidung, deine Erwartungen abzugeben, musst du selbst treffen. Ich kann sie dir nicht dauerhaft abnehmen.«

Nach dem, was ich gerade gesehen hatte, schien mir das keine schwere Entscheidung zu sein. Der Garten war wundervoll gewesen und ich wollte ihn wiedersehen.

»Nun gut, was muss ich tun?«, fragte ich. »An wen gebe ich meine Erwartungen ab? Dich?«

»An Gott«, sagte der Mann. »Du kannst ihn bitten, deine Sicht reinzuwaschen. Aber ich warne dich. Wenn du Gott nicht einschränken möchtest, musst du *alle* deine Erwartungen aufgeben. Sei also nicht überrascht, wenn Gott sich dir anders zeigt, als du denkst.«

Den letzten Satz hatte ich nicht mehr wirklich gehört, da ich bereits im Gespräch mit Gott versunken war und ihn bat, mir die Last meiner Erwartungen abzunehmen. Ich war bereit, mich von ihm überwältigen zu lassen.

Der Nebel und mein unsichtbarer Rucksack lösten sich auf und ich konnte wieder klar sehen. Der Garten war verschwunden. Stattdessen stand ich auf einem asphaltierten Platz, der bis zum Horizont mit schmutzigen, braungrauen Haufen übersät war. Manche der Haufen waren höher als ich selbst, andere waren nur so groß wie Ameisenhügel, doch sie alle teilten die Eigenschaft, dass sie das Einzige waren, was diese trostlose Ebene füllte. Es roch nach Wertstoffhof. Ich ging zu dem Haufen, der mir am nächsten war, und stellte fest, dass er wie erwartet aus Abfall bestand.

Müll.

War das die großartige Art und Weise, auf die Gott meine Erwartungen übertreffen wollte? Stattdessen hatte er es geschafft, sie zu *unterbieten*! Mehr noch als der Gestank trieb mir die Enttäuschung die Tränen in die Augen. Das hatte man also davon, sein Vertrauen auf Gott zu setzen:

Müll.

Der Mann in Weiß stand immer noch neben mir. Ich hatte ihm nichts mehr zu sagen und drehte mich um. Hier hatte ich nichts verloren. Wo war noch mal der Ausgang?

Da sah ich aus dem Augenwinkel etwas leuchten. Hinter einem der Hügel war etwas, das kein Müll sein konnte. Als ich um den Haufen herumging, fand ich eine einzelne Blume, die aus dem Abfall wuchs. Sie leuchtete in einem so kräftigen Magenta, dass sie den Müll um sich herum in einen weichen Farbton badete. Sie besaß eine hypnotische Schönheit. Je länger ich sie ansah, desto mehr füllte sie mein gesamtes Blickfeld aus, bis die grauen Müllberge um uns herum vollständig in den Hintergrund getreten waren. Ich nahm nicht einmal mehr wahr, dass der Mann wieder neben mir stand.

»Ich hatte dich gewarnt«, sagte er. »Gott kann sich dir anders zeigen, als du denkst. Deine Erwartungen abzulegen, bedeutet, dass Gott eben diese Erwartungen auch enttäuschen kann. Deshalb möchte er sie dir ja abnehmen. Damit er deinen Blick auf das Wesentliche lenken kann.«

»Das hier ist Gottes Thronsaal?«, fragte ich.

»Nein. Dieser Platz ist ein Bild dafür, wie für Gott die Herzen der Menschen aussehen. Es ist nicht dein Herz, auch wenn deines nicht allzu anders aussieht. Dennoch war das nie der Plan. Die Herzen der Menschen sind dazu gemacht, ebenso beeindruckende Gärten zu sein wie jener, den dir Gott vorhin gezeigt hat.«

»Wenn so mein Herz aussieht«, sagte ich, »ist das in der Tat ziemlich enttäuschend.« *Bin ich wirklich so weit von meinen eigenen Ansprüchen entfernt?*, war der Satz, den ich nicht laut sagte, aber dachte.

»Genauso könnte Gott auch denken«, sagte der Mann. »Doch er tritt nicht mit deinen Erwartungen an dein Herz heran. Für ihn muss nicht erst alles schön, ordentlich und aufgeräumt sein, ehe du zu ihm kommen kannst. Er sieht den kleinen Funken Hoffnung, der noch irgendwo in all dem Müll steckt. Die verborgene Schönheit. Die Blume im Abfall. Das ist alles, was er braucht, um für dein Herz zu kämpfen. Aus dieser einen Blume kann mit deiner und Gottes Hilfe ein neuer Garten entstehen, welcher dem Garten Gottes in nichts nachsteht.«

Wenn diese eine Blume alles war, was Gott brauchte, um einen Menschen – um mich – nicht aufzugeben, was folgte dann daraus? Wie oft hatte ich schon das Feld geräumt, weil Menschen meine Ansprüche enttäuscht hatten? Wie oft hatte ich aus Bitterkeit Brücken abgebrannt, die eine zweite Chance hätten sein können? Ich stellte fest, wie dankbar ich Gott dafür war, dass er nicht dieselben Erwartungen an mich stellte wie ich an mich selbst oder an andere. Ich konnte nur erahnen, wie oft ich ihn sonst enttäuschen würde.

Ich löste meinen Blick von der Blume und betrachtete noch einmal den Müllplatz. So schön die Pflanze auch war, schien ihre Präsenz doch verschwindend klein im Vergleich zu der Uferlosigkeit dieses trostlosen Ortes.

»Sieht mein Herz in Gottes Augen wirklich so aus?«, fragte ich den Mann.

»Wenn du dich erinnerst, habe ich nie gesagt, dass das hier dein Herz ist«, sagte er. Er führte mich durch ein Tor hinter uns auf einen zweiten Platz, der beinahe identisch aussah wie jener, von dem wir kamen. Er wies noch immer viele Müllberge auf, doch es waren weitaus weniger als zuvor, und an manchen Stellen, an welchen einmal ein Abfallhaufen gestanden haben musste, hatten Gräser und Farne ihr Terrain zurückerobert und den Schmutz mit farbenprächtigen Blumen, Büschen und Bäumen besiedelt.

»Ist das Gottes Arbeit?«, fragte ich den Mann.

»Das ist eure gemeinsame Arbeit«, antwortete er. »Überall dort, wo du in deinem Leben Gott bereits vertraut und mit ihm den Müll in deinem Herzen aufgeräumt hast, blüht neues Leben auf. Es ist deine Entscheidung, wie groß dein Garten werden soll. Es hängt davon ab, wie viel du investieren möchtest.«

Da lag aber noch ganz schön Arbeit vor mir, wenn das mal so perfekt aussehen sollte wie im Thronsaal.

»Niemand hat gesagt, dass du perfekt sein musst. Auch Gott nicht.«

Wenn nicht einmal Gott die Erwartung an mich hatte, perfekt zu sein – warum hatte ich sie dann? Wenn Gott mich so akzeptierte, wie ich war – konnte ich das dann nicht auch?

Eine Blume nach der anderen.

„HAST DU SCHON
GOTT GEFRAGT,
WAS ER DENKT?"

links – rechts – geradeaus?

ENTSCHEIDUNGEN

TAG 5

Ich konnte die Treppe nicht sehen. Genau genommen konnte ich gar nichts sehen. Dunkelheit umgab mich, schwärzer als eine mondlose Nacht. Hätte ich mit geschlossenen und verbundenen Augen in einem fenster- und lichtlosen Keller gestanden, hätte ich immer noch mehr gesehen als hier. Jeder sichtbaren Referenz beraubt, konnte ich meine Umgebung nicht mehr einschätzen und verlor nach und nach meinen Orientierungssinn. Schließlich war ich derart verwirrt, dass ich mich nicht mehr traute, auch nur einen Fuß vor den anderen zu setzen. Also blieb ich stehen und versuchte, das mulmige Gefühl in meinem Magen zu ignorieren.

Da begann in weiter Ferne ein kleiner Lichtfleck im Meer der Schwärze zu schwimmen. Dankbar bewegte ich mich darauf zu. Alles war besser, als in dieser Dunkelheit zu verharren. Nach gefühlten hundert Metern hatte ich jedoch den Eindruck, dem Licht keinen Schritt näher gekommen zu sein. Bewegte ich mich auf der Stelle? Die Schwärze um mich herum wurde von Schritt zu Schritt bedrückender. Mir war ganz und gar nicht wohl bei der Angelegenheit. Wie eine leise Erinnerung kam da aus der Dunkelheit eine Stimme:

»Fürchte dich nicht, denn ich habe dich erlöst; ich habe dich bei deinem Namen gerufen; du bist mein!«
Es war mein Taufvers. Ich hatte ihn auswendig gelernt und er hatte mich seither stets begleitet. Mein Blick richtete sich wieder auf das Licht, das jetzt ein wenig heller zu leuchten schien. Doch im nächsten Moment war es verschwunden und ich blieb ratlos in der Dunkelheit zurück.
»Gott!«, rief ich laut. »Ich weiß nicht, wohin das hier führen soll! Wohin soll ich gehen?«
Das Licht erschien wieder, doch an einem anderen Ort. Erneut folgte ich ihm. Diesmal wurde es mit jedem Schritt größer und größer. Die Schwärze wich zurück und löste sich in dunkle Nebelschwaden auf, bis ich genug sehen konnte, um festzustellen, dass ich mich auf einem Waldpfad befand.
Ich stand an einer Gabelung, von der drei Wege abgingen. Zu meiner Linken führte ein Pfad aus dem Wald hinaus und in eine helle Landschaft. Der Weg geradeaus würde mich weiter durch den Wald führen, ohne dass ich irgendetwas Auffälliges erkennen konnte. Nach rechts ging der Weg in dunkles Dickicht hinein und verschwand schon bald hinter vielen Windungen.
Eine Bank war am Wegrand aufgestellt worden. Unschlüssig, welchen Weg ich gehen sollte, setzte ich mich. Der Mann in Weiß setzte sich neben mich. Wie immer hatte ich keine Ahnung, woher er gekommen oder wie lange er schon bei mir gewesen war. Sobald er neben mir saß, hatte ich das Gefühl, er wäre auch schon in der Dunkelheit zuvor neben mir gegangen, ohne dass ich ihn hatte sehen können.
»Schwierigkeiten bei der Entscheidung?«, fragte er.
»Darum geht es heute, oder?«
»Scheint so.«
»Ich frage mich nur, ob das wieder ein Trick ist«, sagte ich.
»Wieso?«
»Geradeaus scheint ausgeschlossen. Das ist zu langweilig, zu unscheinbar. Der freundliche Weg scheint dagegen die offensichtliche Wahl zu sein. Ist aber vielleicht gerade das der Grund, warum ich doch den rechten Pfad in die Dunkelheit nehmen soll? Du weißt schon – der Christ scheut sich nicht, den Weg des größten Widerstands zu nehmen.«

»Das sind gute Gedanken«, sagte der Mann. »Hast du schon Gott gefragt, was er denkt?«
Stimmt, das wäre einen Versuch wert.
Gott, was meinst du? Links, rechts, geradeaus?
Ich sah, wie sich ein Gewitter über der hellen Landschaft des linken Weges zusammenbraute. Mit einem Mal verlor er seine gesamte Anziehungskraft und sah bedrohlicher aus als der zu meiner Rechten. Ich sah zum Pfad in der Mitte. Er war noch immer gerade und langweilig. Doch dort, wo vorher Dunkelheit geherrscht hatte, nahm ich in der Ferne ein Licht zwischen den Bäumen wahr. Das schien mir ziemlich eindeutig.
Danke, Gott.
Ich stand auf, um mich auf den Weg zu machen.
»Vergiss deine Ausrüstung nicht«, sagte der Mann in Weiß und hielt mir einen blauen Rucksack hin. »Der Weg, der heute vor dir liegt, ist der direkteste Weg, um zum Thronsaal zu gelangen. Doch er ist nicht einfach. Es kann sein, dass du dich von einigen Dingen trennen musst, um das Ziel zu erreichen.«
»Kommst du nicht mit?«, fragte ich.
»Doch. Ich bin immer bei dir.« Im nächsten Moment war er verschwunden. Hatte sich einfach in Luft aufgelöst. Was sollte denn das jetzt? Na gut, dachte ich mir, dann halt nicht, und machte mich auf den Weg.
Der Pfad führte in Windungen durch verwachsenes Waldland, doch er war flach und gut ausgetreten, und da ich mich nach dem Licht richten konnte, das durch die Stämme blitzte, war meine Wanderung anfangs relativ unbeschwert. Dann jedoch hörte der Wald mit einem Mal auf und ich fand mich am Fuß eines Berges wieder, von dessen fernem Gipfel das Licht herunterleuchtete. Dort musste der Thronsaal sein. Auch wenn ich noch immer kein großer Befürworter ausgedehnter Bergwanderungen war, machte ich mich, im Vertrauen auf meine bisherigen Erlebnisse und den Blick fest auf mein Ziel gerichtet, an den Aufstieg.
Ich hatte kaum die ersten hundert Höhenmeter hinter mich gebracht, als ich es mit wachsenden Schmerzen in den Beinen zu tun bekam. Ich sah auf meine Füße hinab, an denen meine Lieblingsschuhe glitzerten. Ich wusste gar nicht mehr, warum ich gerade diese Schuhe angezogen hatte – außer na-

türlich, dass sie meine *Lieblingsschuhe* waren. Sie waren ganz objektiv die schönsten Schuhe der Welt, die mir selbst nach vielen treuen Jahren und einigen abgenutzten Ecken noch immer Komplimente einbrachten, sobald ich sie trug. Sie waren der Inbegriff von Schönheit und Eleganz. Zumindest für mich. Allein diese Schuhe zu betrachten, bewirkte bereits, dass ich mich zwanzig Prozent schöner fühlte.

Das einzige Problem dieser Schuhe war, dass sie ganz und gar nicht für Bergwanderungen gemacht waren. Der Weg war bereits recht steil geworden und es sah nicht so aus, als würde sich daran etwas ändern. Immer öfter rutschte ich auf den Felsen ab, bis ich einsehen musste, dass ich auf diese Weise nicht nur meine Schuhe ruinierte, sondern auch meine Gesundheit gefährdete. Mein Leben wollte ich dann doch nicht aufs Spiel setzen.

Schweren Herzens setzte ich mich also auf einen Stein, zog die Schuhe aus und holte die Wanderstiefel aus dem Rucksack, wo sie gleich ganz oben verstaut waren, das hatte ich schon beim Aufsetzen entdeckt. Wenn es eine Rangliste für Schuhe gibt, die einen Menschen hässlicher machen, belegen meiner Meinung nach Bergschuhe unangefochten den ersten Platz. Ich hasse sie. Doch egal, wie groß mein Hass auf Bergschuhe auch sein mochte, es half nichts. Schließlich war ich allein; niemand würde mich mit diesen Dingern an den Füßen sehen, und nach wenigen Schritten waren mir diese auch bereits dankbar für das neue Schuhwerk.

Eine Weile ging es nun recht zügig voran, doch der Rucksack begann mehr und mehr, mir wie ein schweres Gewicht am Rücken zu hängen und in die Schultern zu schneiden. Was war da eigentlich sonst noch drin? Ich gönnte mir erneut eine kurze Rast, um nachzusehen, ob nicht irgendetwas zu finden war, das ich nicht brauchte. Zu meiner Überraschung fand ich neben ein wenig Wasser und Brot einen Berg an Süßigkeiten, der den Großteil des Rucksacks füllte.

Das war unfair. Ich liebe Süßigkeiten. Süßigkeiten sind für mich das, was Honig für Winnie Puuh ist. Unwiderstehlich. Leider auch genauso nützlich für einen Bergaufstieg wie die schönsten Schuhe der Welt. Wer hatte eigentlich diesen Rucksack gepackt? Ehe ich mir es noch anders überlegen konnte, leerte ich die Süßigkeiten aus, gönnte mir einen einzelnen Keks und ging weiter, ohne mich umzudrehen.

Doch bereits an der nächsten Biegung begann mein Gehirn (das auf all den tollen Zucker nicht verzichten wollte) mir einen guten Grund nach dem anderen zu nennen, warum das, was ich gerade getan hatte, eine ganz, ganz schlechte Idee gewesen war.

Du hast es schon so weit geschafft. Denkst du nicht, du dürftest dir da eine Kleinigkeit gönnen, bevor du weitergehst?

Niemand hat gesagt, dass du alle Süßigkeiten essen sollst. Nur ein oder zwei. Oder drei.

Du brauchst doch Kraft für die nächste Etappe. Zucker ist Energie!

Natürlich gab ich am Ende nach. Ich hatte nicht einmal ernsthaft gekämpft. Fünfzehn Minuten später war ich zwar erneut auf dem Weg, nur war mir jetzt schlecht. Ich hatte ein wenig Panik bekommen, dass ich etwas verpassen würde, und dementsprechend die Hälfte des Süßigkeitenberges verdrückt. Eine typische Demonstration meiner großartigen Selbstbeherrschung.

Meinen Blick fest auf den Gipfel geheftet, trottete ich weiter, bis ich ungefähr zwei Drittel des Weges hinter mir hatte. Die Übelkeit verflog langsam und der Zuckerrausch ließ nach. Doch obwohl mein Rucksack inzwischen kaum noch auf meine Schultern drückte, hatte ich das Gefühl, dass etwas an mir zerrte. Ich sah an mir hinab und bemerkte meine Kamera, die mir um den Hals baumelte. Ich blieb stehen und versuchte, sie in meinen inzwischen halb leeren Rucksack zu stecken, doch sie war zu groß.

Zum dritten Mal stand ich vor einer Entscheidung, doch diese war die schwerste. Entweder ich schleppte mich mit meiner Kamera um den Hals voran oder ich ließ auch sie zurück. Ich wurde wütend.

Ist das dein Ernst, Gott? Meine Kamera? Meinen Beruf? Das, wofür ich all die letzten Jahre studiert, gekämpft und gelitten habe? Willst du mir denn alles wegnehmen, was mir wichtig ist, bevor ich zu dir kommen kann?

Ich spürte, wie mein Herz sich verkrampfte.

Nein, Gott, tut mir leid, aber das nicht. Nicht meine Kamera.

Ich ging weiter.

Sie wurde jedoch immer schwerer. Bald fühlte es sich an, als würde ich einen Felsklotz mit mir herumschleppen. Ich kam kaum noch voran.

Jetzt bist du nicht nur dreist, sondern auch noch unfair, oder wie? Ich brach in Tränen aus. Wütend und verbittert riss ich mir das blöde Ding vom Hals und warf es fort.

»So! Da hast du sie!«, schrie ich laut. »Geht's dir jetzt besser?«

Weinend stapfte ich weiter. Der Gipfel war nicht mehr weit entfernt, doch ich hatte so gut wie jede Lust verloren, einen derart böswilligen Gott überhaupt noch zu besuchen. Erst hatte er mir meine Schönheit genommen, anschließend meine Belohnung und am Ende auch noch meine Leidenschaft. Scheinbar gönnte er mir nichts. Es kam mir so egoistisch und kleinherzig vor. Er hatte mir alles genommen, was mich glücklich machte.

Also blieb ich stehen. Sollte er doch in seinem Thronsaal warten, bis er schwarz wurde. Ich wollte nicht mehr. Ich wollte mich nur noch hinsetzen und weinen und mich in meiner kleinen, warmen Pfütze aus Selbstmitleid suhlen. Gott und die Welt konnten mir gestohlen bleiben.

Ich hörte jemanden rufen. Der Mann in Weiß stand am Gipfel und winkte mir zu. Zu meiner Überraschung konnte ich sehen, dass auch er Tränen in den Augen hatte. Er kam mir entgegen, nahm mich wortlos bei der Hand und begleitete mich die letzten Meter zum Thronsaal. Kraftlos ließ ich mich von ihm führen.

Der Thronsaal war so hell, dass ich meine Augen zukneifen musste. Als sie sich nach einer Weile an das Licht gewöhnt hatten, wagte ich es, sie wieder aufzumachen, und sah den Grund für das Leuchten.

Das gesamte Innere war mit Diamanten besetzt, die das Sonnenlicht, welches durch die Fenster fiel, in Myriaden funkelnden Farben reflektierten. Der Raum war von unzähligen Lichtstrahlen erfüllt, die in immer neuen Winkeln voneinander abprallten und ungezählte glitzernde Muster erschufen.

Ich war so vollständig überwältigt, dass ich lange Zeit überhaupt nicht wahrnahm, dass in der Mitte des Raumes ein Tisch stand, auf dem einige Gegenstände drapiert waren. Der Mann in Weiß nahm mich wieder an der Hand und führte mich zum

Tisch. Als ich erkannte, was da lag, stiegen mir erneut Tränen in die Augen.

Auf dem Tisch lagen drei Dinge. Das erste war ein paar Schuhe. *Meine* Schuhe. Allerdings waren diese Schuhe nicht nur schön, sie waren perfekt. Die Materialien waren makellos gearbeitet und glitzerten in all dem Licht des Raumes, als wären sie selbst aus Diamanten.

Daneben stand ein Teller, auf dem die gastronomische Vollendung dessen angerichtet war, was man für gewöhnlich als Dessert bezeichnet. Und nicht nur irgendein Dessert, sondern meine absolute Lieblingsspeise. Die Portion war genau so groß, wie sie sein musste – nicht zu viel und nicht zu wenig, und gerade deshalb war sie mehr wert als jeder Berg an Süßigkeiten, und wenn er so groß wie der Mount Everest gewesen wäre.

Und schließlich lag neben dem Teller meine Kamera. Neu und unversehrt. Gott hatte mir alles zurückgegeben, was ich aufgegeben hatte, um zu ihm zu kommen. Nicht nur das, er hatte die Dinge ausgetauscht und durch reinere Versionen ihrer selbst ersetzt.

Dann jedoch sah ich, dass noch ein vierter Gegenstand auf dem Tisch lag. Es war ein kleines, schwarzes Buch. Ehe ich es geöffnet hatte, wusste ich bereits, was es war. Dennoch nahm ich es in die Hand und schlug es auf. Auf der ersten Seite standen in schwungvoller Handschrift die Worte »Inspirationen«, und als ich weiterblätterte, fand ich Ideen, die Gott für mich vorbereitet hatte, um sie mithilfe meiner Begabungen umzusetzen. Genug für die nächsten Jahre.

Wie schaffte ich es bloß, mich jedes Mal wieder so grundlegend in Gott zu täuschen?

»Er hatte nie vor, dir deine Schönheit, Belohnung und Leidenschaften wegzunehmen«, sagte der Mann in Weiß. »Er wollte sie reinigen. Dafür musste er sie dir für eine Weile abnehmen, um sie dir anschließend in vollendeter Form wieder zurückgeben zu können. Sie sind ein Geschenk an dich. Je mehr du allerdings an deiner Version dieser Dinge festhältst, desto schwerer wird es dir fallen, in Gottes Nähe zu gelangen. Je eher du sie dagegen abgibst, um sie von Gott verwandeln zu lassen, desto leichter fällt dir der Zugang zu ihm.«

Nachdem der Mann fertig gesprochen hatte, bedeutete er

mir, mich auf den Stuhl zu setzen, der neben dem Tisch stand. Dann bückte er sich, zog mir die Bergstiefel aus und half mir in meine neuen Schuhe. Er servierte mir das Dessert, reichte mir eine Kuchengabel und sagte:
»Guten Appetit.«

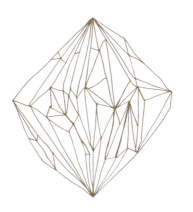

DIE GALERIE

TAG 6

Ich saß auf den Stufen am Fuß der Treppe und fühlte mich elend.

Gestern war ich nach meinem Besuch im Thronsaal auf einen jungen Fotografen gestoßen. Seine Bilder waren so viel besser, interessanter, schöner als alles, was ich bisher zustande gebracht hatte, dass ich mit dem Gedanken spielte, meinen Job an den Nagel zu hängen. Genau genommen war es nicht einmal die Qualität der Bilder, die mich derart irritierte, sondern die Tatsache, dass der Mann über keinerlei professionelle Ausbildung verfügte. Er war einfach übermäßig talentiert. Und wesentlich besser als ich. Er konnte von seiner Kunst sogar leben. Und ich? Ich hatte Schwierigkeiten, einen Praktikumsplatz zu ergattern.

Ich verspürte nicht die geringste Lust, mich heute Gottes Thronsaal zu nähern. Gott hatte bestimmt Besseres zu tun, als sich mit Versagern wie mir abzugeben.

Der Mann in Weiß saß neben mir und sagte nichts. Womöglich hörte er mir lediglich beim Denken zu. Ich zog meine Kreise aus Selbstmitleid, Scham, Frustration und Selbsthass.

TAG 06 DIE GALERIE

Sie wurden immer enger, bis sie mich vollständig einnahmen. Ich stand auf, doch mir war vom unablässigen Kreisen um mich selbst so schwindlig geworden, dass mein Kreislauf das nicht verkraftete. Ich kippte um.

Als ich wieder zu mir kam, befand ich mich in einem ausladenden Himmelbett. Leichte, helle Leinen deckten mich zu und an der Bettkannte saß der Mann in Weiß. Es ging mir ein wenig besser. Mein Schwindel war verschwunden, doch als ich mich aufrichtete, musste ich feststellen, dass mein Kopf immer noch dröhnte.

»Denkst du, du kannst aufstehen?«, fragte der Mann. Ich nickte. Er trat an die Seite des Bettes und half mir auf.

»Komm«, sagte er, »ich möchte dir etwas zeigen.« Langsam führte er mich durch eine Tür in einen großen Saal.

Die Wände waren schlicht und mit Reihen von kleinen Gemälden behangen. Es handelte sich ausschließlich um Portraitmalereien in der Größe von Din-A4-Seiten. Ich trat an eines heran und zu meinem Erstaunen stellte ich fest, dass das Portrait lebendig war. Die Augen der Dame schielten unablässig nach links und rechts, als versuchte sie, die Gemälde neben sich zu sehen. Ein Ausdruck tiefer Unruhe lag auf ihrem Gesicht.

Ich ging zum nächsten Bild. Der Mann darauf war von so tiefer Trauer gezeichnet, dass das Gefühl seines Schmerzes auf mich übersprang. Sobald er mich sah, senkte er den Blick. Seine augenscheinliche Verzweiflung brachte mich beinahe selbst zum Weinen, sodass ich schnell weiterging.

Das dritte Portrait zeigte wieder eine Frau. Sie war jung und schön, doch je länger ich sie betrachtete, desto mehr wurden ihre Züge von Hass und Feindseligkeit verzerrt, bis sie trotz ihrer Jugend alt und entstellt wirkte.

Ich trat ein paar Schritte zurück und sah mich um. Auf jedem Portrait des Saals spielten sich ähnliche Szenen ab. Die Personen schielten nach links und rechts, um einen Blick auf ihre Nachbarn zu erhaschen. Je nachdem, zu welchem Ergebnis sie kamen, versanken die einen in Selbstmitleid, Trauer, Verzweiflung und Hass, während die anderen von Hochmut, Verachtung und Feindseligkeit langsam aufgefressen wurden. Alles in allem waren es die furchtbarsten Portraits, die ich je gesehen hatte. Ich konnte nicht ein schönes Gemälde im ganzen Saal ausmachen.

Mein Gesicht musste einem großen Fragezeichen gleichen, denn der Mann setzte zu einer Erklärung an: »Die Portraits in diesem Raum zeigen Personen, die sich ihr Leben lang mit anderen verglichen haben. Diese Menschen waren derart gefangen in einem Selbstbild, das sich durch den Vergleich mit anderen definierte, dass selbst ihre Portraits davon gezeichnet sind. Sie können nicht anders, als stets nach jemandem zu suchen, der entweder besser oder schlechter ist als sie. Die ganze Welt ist ihr Feind. Deshalb siehst du auch keine Familien- oder Gruppenportraits. Diese Menschen zogen es vor, alleine in ihrem kleinen Rahmen verewigt zu werden, statt ihn mit jemand anderem zu teilen und dadurch ein großes Gemälde zu gestalten.«

Mein erster Gedanke war, wie man denn nur so dumm sein konnte, sein Leben derart zu verschwenden. Ich wollte bereits einen Kommentar in diese Richtung abgeben, als mein zweiter Gedanke mir bewusst machte, dass ich den Menschen auf diesen Gemälden eventuell bereits ähnlicher war, als ich mir eingestand. Also sagte ich nichts und folgte dem Mann in den nächsten Raum.

Auch hier hingen unterschiedliche Kunstwerke. Einige zeigten Schlachtengemälde von den großen Kriegen der Geschichte, die auf überdimensionale Leinwände gemalt worden waren. Eine andere Gruppe bestand aus abstrakter Kunst des letzten Jahrhunderts. Die dritte schließlich war am weitesten hinten im Saal ausgestellt und zeigte moderne Modefotografien. Ich arbeitete mich nach und nach durch die Sammlung.

Auch hier waren die Bilder lebendig und entwickelten sich in ähnlich verstörende Richtungen, wenn ich sie betrachtete. Die Kampfszenen auf den historischen Gemälden verwandelten sich von Abbildungen heroischer Taten und Tapferkeit in immer brutalere Zurschaustellungen von Mord und Verstümmelung, bis die Darstellungen schließlich so abscheulich und Übelkeit erregend wurden, dass ich mich abwenden musste.

Die Meisterwerke abstrakter Kunst dagegen gaben ihre ursprüngliche Faszination immer mehr zugunsten greller Farben und wilderer Kompositionen auf, die sich irgendwann

TAG 06   DIE GALERIE

derart schnell abwechselten, dass man die einzelnen Phasen kaum noch erkennen, geschweige denn genießen konnte. Schließlich mischte sich zusätzlich noch Blut und Schmutz unter die Materialien, sodass am Ende nicht viel übrig blieb als große, braungraue Schmierereien. Enttäuscht ließ ich auch diese Kunstdebakel links liegen und wandte mich den Modefotografien zu.

Diese jedoch hatten bereits ihre Verwandlung durchgemacht, seitdem ich sie beim Betreten des Raums aus der Ferne zum ersten Mal gesehen hatte. Die bildschönen Models mit ihren großartigen Kleidern waren zu ausgehungerten Hüllen verkümmert, von deren knochendürren Körpern die kostbaren Stoffe schlaff und farblos herabhingen; in ihren dunklen Augenhöhlen war kein anderer Ausdruck geblieben als Leere. Sie sahen allesamt mehr tot als lebendig aus. Die Fotogalerie glich einem Gruselkabinett.

Unfähig, all die Hässlichkeit länger zu ertragen, drehte ich mich um und konfrontierte den Mann in Weiß, der mir unauffällig gefolgt war.

»Was hat all das hier zu bedeuten?«, fragte ich ihn. »Ich wage zu behaupten, dass das die furchtbarste Kunstausstellung ist, die ich jemals gesehen habe!«

»Da wärst du nicht die Einzige, die das so sieht«, antwortete der Mann. »Diese Werke sind die Hinterlassenschaften von großen Persönlichkeiten. Nicht nur Künstler, sondern auch Wissenschaftler, Ärzte, Politiker, Philosophen und viele andere haben ihr Lebenswerk hier abbilden lassen, anstatt sich selbst in Szene zu setzen. Doch auch sie haben irgendwann aufgehört, ihre Arbeit für sich sprechen zu lassen, und angefangen, sich über den Vergleich mit anderen zu definieren. Sie wurden mit ihrem eigenen Werk unzufrieden und bemühten sich immer mehr darum, sich von der Konkurrenz abzuheben. Und so mussten ihre Werke immer größer, monumentaler, krasser, brutaler und schockierender werden, bis sie schließlich vergaßen, was Schönheit war und ihre eigene Kunst zerstörten. Ihr unstillbares Verlangen danach, als die Besten zu gelten, hat die denkbar schlechtesten Ergebnisse hervorgebracht.«

»Können wir bitte gehen?«, bat ich. »Mir wird übel.«

Der Mann nahm mich wieder an der Hand, denn ich fühlte

mich noch immer schwach auf den Beinen, jetzt noch mehr als vorher. Er führte mich aus dem Gebäude heraus. Über ein schmales Rasenstück gelangten wir zu einem zierlichen Pavillon, der innen wie außen mit weißem Marmor verkleidet und mit kunstvoll gearbeiteten Fenstertüren sowie einem hohen Kuppeldach ausgestattet war. Freundliches Licht fiel durch die Glasscheiben und ein ganz leichter Windhauch zog durch das Innere.

Auch dieser Raum beherbergte eine Gemäldegalerie. Auf den Portraits waren gewöhnliche Menschen abgebildet, die sich weder durch besondere physische Attraktivität noch durch eindrucksvolle Titel und Statussymbole auszeichneten. Die Gemälde jedoch waren die schönsten, die ich je gesehen hatte. Ich brauchte eine Weile, um zu verstehen, woran das lag. Erst als ich mir die Zeit nahm, den Menschen in Ruhe in die Augen zu blicken, war ich in der Lage, den Grund für ihre Schönheit auszumachen. Es lag im Wesen der Menschen, das durch ihre Portraits hindurchschien. Sie alle strahlten eine tiefe Ruhe und Demut aus; ein Zufriedensein mit sich selbst, wie es nur Verrückte oder Heilige jemals erreichen. Und diese Portraits zeigten eindeutig keine Verrückten.

»Diese Gemälde«, begann der Mann seine Erklärung, »sind Portraits von Menschen, die es aufgegeben haben, sich mit anderen zu vergleichen. Sie alle haben einen inneren Kampf gekämpft, um an diesen Ort zu gelangen, an welchem du sie jetzt siehst. Dabei wissen sie selbst übrigens nicht einmal, dass jemand diese Portraits von ihnen angefertigt hat, geschweige denn, dass sie hier ausgestellt sind. Es würde sie womöglich auch gar nicht interessieren.«

»Du meintest, sie hätten einen Kampf überstehen müssen«, sagte ich. »Wie gewinnt man diesen Kampf?«

»Indem man sich immer wieder bewusst macht, dass man all seinen Wert als Mensch bereits durch Gott erhalten hat und dass keine Leistung, so groß oder klein sie auch sein mag, diesem Wert etwas abzuziehen oder hinzuzufügen in der Lage ist.«

»In der Theorie hört sich das gut an«, sagte ich. »In der Praxis finde ich das jedoch ziemlich unmöglich.«

»Die meisten Dinge sind ziemlich unmöglich ohne Gott.«

TAG 06 DIE GALERIE

Mir wurde bewusst, wie lächerlich mein Verhalten gegenüber dem Fotografen gewesen war, der so viel besser war als ich. Was machte es schon aus? Nicht meine Leistung als Fotografin definierte meinen Wert vor Gott. *Gott* definierte meinen Wert. Und dieser Wert war absolut, unveränderlich und inflationsbereinigt.

»Gehen wir heute noch zum Thronsaal?«, fragte ich den Mann.

»Das hier ist der Thronsaal«, antwortete er. »Durch das Leben dieser Menschen wird Gottes Wesen verherrlicht.«

Er streckte mir eine kleine, eingerahmte Leinwand hin.

»Das hier ist deins.«

Ich nahm das Bild und drehte es um. Es war leer.

»Auch von dir wird es eines Tages ein Portrait geben. Es liegt an dir, wie du es gestaltest«, sagte der Mann.

Und es lag an mir, in welcher Art von Galerie ich hängen wollte. Hätte ich die Wahl gehabt, wäre meine Entscheidung eindeutig gewesen. Und doch zeichneten sich die Gemälde in diesem Raum gerade dadurch aus, dass es den Abgebildeten am Ende nicht darum ging, wo ihre Bilder hingen. Ich hatte noch einen weiten Weg vor mir.

GOTTESDIENST

TAG 7

Ich befand mich mitten auf der Treppe in einem Schwebezustand. Zwei Menschen hielten mich an den Händen und spielten »Engelchen flieg« mit mir, als wäre ich eine Vierjährige. Ich trippelte nur ein paar der Stufen selbst und ließ mich den Rest des Weges nach oben fliegen. Am Gipfel wartete der Mann in Weiß.

»Was ist los? Wer sind diese Menschen?«, fragte ich.

»Erkennst du sie nicht?«, antwortete der Mann. Als würde ein Schleier von meinen Augen fallen, sah ich, dass es meine Eltern waren. »Sie waren die Ersten, die dir geholfen haben, den Weg zu Gott zu finden.«

Die beiden hatten sich umgedreht und stiegen die Treppe bereits wieder hinunter. Ich wollte ihnen hinterherlaufen, um ihnen zumindest Danke zu sagen, doch im selben Moment befand ich mich selbst wieder auf der Treppe, beinahe am Anfang.

Von unten kam mir eine gute Freundin entgegen. Jetzt war es an mir, sie auf dem Weg zu Gott zu begleiten. Ich war allein, daher konnte ich sie nicht schweben lassen, wie das meine Eltern mit mir getan hatten. Doch ich gab mein Bestes, sie zu ermutigen und zu motivieren. Ich setzte mich zu ihr, wenn sie eine Pause brauchte, und half ihr, nicht aufzugeben, wenn es anstrengend wurde.

Als ich während einer unserer Pausen den Blick zur Seite schweifen ließ, stellte ich fest, dass unsere Treppe nur eine von Tausenden war, die alle zum Thronsaal führten. So weit mein Auge reichte, sah ich Menschen, die sich auf dem Weg nach oben befanden, und andere, die ihnen auf dieser Reise halfen. Manche waren nur zu zweit und führten intensive Gespräche. Andere waren in Gruppen unterwegs, die ihren Schützling schon beinahe hochtrugen.

Als ich wieder nach meiner Freundin sehen wollte, war sie verschwunden. Ich selbst saß erneut auf der obersten Stufe der Treppe. Der Mann in Weiß setzte sich zu mir. Bevor ich den Mund aufmachen konnte, sagte er: »Ich weiß, was du denkst. Du schämst dich. Du fragst dich, ob du überhaupt schon jemals einem Menschen den ganzen Weg zu Gott hinaufgeholfen hast. Doch darum geht es gar nicht. Das hier ist kein Ein-Mann-Job. Jeder hilft auf seine Weise. Wie oft habe ich gesehen, wie du Menschen geholfen hast, die in der Mitte des Weges aufgeben wollten, weil sie niemand mehr ermutigte. Diejenigen, die sie am Anfang des Weges begleitet hatten, hatten sich schon bald wieder umgedreht, um dem Nächsten zu helfen, der am Fuß der Treppe stand. An dieser Stelle kamst du ins Spiel.«

Wie um seinen Punkt zu verdeutlichen, sah ich mit einem Mal nur noch Treppen, auf denen sich die immer gleiche Situation abspielte: Menschen, die schon beinahe oben angelangt waren, drehten sich kurz vor dem Ziel um und stiegen wieder hinab. Als wüssten sie nicht, wie nahe sie Gott bereits waren. Am liebsten wäre ich zu jedem Einzelnen von ihnen hingerannt und hätte ihn an der Hand zurück nach oben geführt. Doch meine Aufmerksamkeit wurde auf eine Gruppe Menschen gelenkt, die ich in Richtung des Thronsaals laufen sah. Als ich mich umdrehte, stellte ich fest, dass sie nicht die Einzigen waren: Eine ganze Menschenmenge strömte von allen Seiten auf den Thronsaal zu.

Es waren Tausende. Sie alle redeten und lachten durcheinander. Mein erster Gedanke war, dass bei dieser Menschenmasse jeden Moment ein Tumult ausbrechen musste. Es gab keine Türsteher und keine Ordner, was bei so einem großen Durcheinander unweigerlich zu einer Katastrophe führen musste. Doch nichts dergleichen geschah. In aller Ruhe und Gelassenheit fädelten sich die Menschen durch die Eingangstür des Thronsaals. Ich blieb dennoch eine Weile stehen, bis ich das Gefühl hatte, dass der Großteil der Besucher sich inzwischen eingefunden haben musste. Je länger ich jedoch wartete, umso mehr kamen. Der Strom wollte nicht abreißen.

»Was ist hier los?«, fragte ich den Mann in Weiß.

»Es ist Sonntag. Heute kommen alle Kinder Gottes in den Gottesdienst.«

»Alle?«, fragte ich.

»Sieht ganz danach aus«, sagte der Mann. »Aber mach dir keine Sorgen. Komm, sie haben uns zwei Plätze freigehalten.«

Sie?

Wen um Himmels willen meinte er? Doch nicht nur diese Frage bereitete mir Kopfzerbrechen, ich fragte mich auch, wie alle Gottesdienstbesucher der Welt in ein einzelnes Gebäude passen und dabei gleichzeitig noch Plätze für uns übrig lassen sollten. Doch ohne weiter auf meinen fragenden Blick einzugehen, nahm mich der Mann mit durch den gesamten Saal bis zur ersten Reihe, wo tatsächlich zwei Plätze auf einer Holzbank frei gehalten worden waren. Verdutzt setzte ich mich und sah mich um.

Der Saal war gewaltig. Ich hatte das Fassungsvermögen des Gebäudes von außen so unterschätzt, wie jemand die Größe unserer Galaxie unterschätzt, wenn er lediglich die Sterne am Himmel zu zählen versucht. Im krassen Gegensatz zum Ausmaß des Gebäudes stand für mich jedoch die Einrichtung, die der einer traditionellen – sprich: alten – Kirche entsprach: Vorne in der Mitte stand ein großer, weiß getünchter Altar; das Kirchenschiff war mit langen Holzbänken und die gewölbte Decke mit Malereien bestückt, und schräg rechts vor mir hing sogar eine schwarzholzige Kanzel drohend an einer der Säulen.

»Gefällt es dir nicht?«, fragte der Mann.

»Versteh mich nicht falsch«, sagte ich, »ich dachte nur, Gott wäre auf dieses altmodische Zeug nicht angewiesen.«

»Dir kommen diese Dinge altmodisch vor, weil sie aus der Vergangenheit kommen. Gott ist zeitlos. Der Hauptgrund dafür, dass dieser Raum so aussieht, liegt im Übrigen nur daran, dass der Großteil der Menschen genau diese Ausstattung erwartet. Aber keine Angst, Gott ist weder auf deine noch auf sonst jemandes Vorstellung, wie ein Gottesdienst auszusehen hat, angewiesen. Jedes Bild, das man sich davon macht, kann er sprengen.«

Und tatsächlich sah es so aus, als würde der gesamte Saal in die Luft gesprengt werden. Es war eine seltsam sanfte Explosion, als fiele die Einrichtung auseinander und löse sich in Staub auf. Dann verwandelte sich der Raum. Die hohen, stuckverzierten Wände verschwanden und wurden durch Reihen von Bäumen und Sträuchern ersetzt. Die Menschen sprangen von ihren Sitzen oder fielen zu Boden, als sich die Bänke eine nach der anderen auflösten. Statt kalter Steinfliesen wuchs leuchtend grünes Gras unter unseren Schuhen. Ich zog meine augenblicklich aus und badete meine Zehen in den Halmen, die weicher waren als zehn Lagen Perserteppiche und frischer als taunasser Rasen. Ein gewaltiger Baum hatte den Altar ersetzt und breitete seine Schatten spendenden Äste über uns. Wo eben noch an allen Ecken und Enden Goldschmuck den Saal verziert hatte, sprossen nun Blumen in tausend Farben aus dem Boden. Ich konnte Vögel in den Zweigen über uns hören.

Als die Verwandlung ihren Abschluss gefunden hatte, war vom ursprünglichen Gottesdienstsaal nichts mehr übrig geblieben außer der Eingangstür. Wir befanden uns in einem wilden Wald, der dennoch einer subtilen Ordnung folgte. Ich konnte mich nicht entscheiden, ob ich diesen Ort als Garten oder als Wildnis betrachten sollte. Er war irgendetwas dazwischen, das sich nicht festlegen wollte, als wäre die Wildnis ihr eigener Gärtner.

»Warum ist die Tür nicht verschwunden?«, fragte ich den Mann.

»Es ist für Menschen nun mal einfacher, ein Gebäude zu betreten, wenn sie mit Gott Gemeinschaft haben wollen«, sagte der Mann mit einem Augenzwinkern.

Wieso kam es mir bei den Aussagen dieses Mannes häufig so vor, als würde er von mir sprechen und doch wieder nicht?

Ich sah mich um und wusste nicht so recht, wie ich mich verhalten sollte. Einige Menschen hatten sich ins Gras gesetzt, andere standen mit geschlossenen Augen da und schienen zu beten. Wieder andere waren auf ihren Knien oder hatten zu tanzen begonnen. Was für eine Art Gottesdienst war das? Gab es hier einen Ablauf? Musik? Eine Band, oder doch eher ein Vogelkonzert? Würde Gott höchstpersönlich heute die Predigt halten?

Kurz darauf hörte ich zu meiner Beruhigung tatsächlich langsam anschwellende Musik, auch wenn ich nicht erkennen konnte, woher sie kam. Es waren Lieder, die ich kannte. Die Melodien und Worte waren mir vertraut, und dennoch war mir, als wären sie neu komponiert und schöner als je zuvor. Vielleicht, dachte ich mir, klangen sie einfach so, wie sie von Anfang an gedacht waren. Himmelsmusik.

Während ich mit geschlossenen Augen dastand und mich von der Musik durchströmen ließ, nahm ich hinter meinen Lidern ein helles Licht wahr, das sich über der gesamten Versammlung ausbreitete wie eine schwerelose Flutwelle. Ich öffnete die Augen und sah, wie ein Meer aus Funken durch die Menge sickerte. Jeder Funke steuerte auf einen Menschen zu. Hatte er sein Ziel erreicht, dehnte er sich aus und wurde zu einer Lichtkugel. Erst, als ich näher hinsah, erkannte ich, dass in den Kugeln kleine Geschenke waren, welche die Empfänger voller Erwartung öffneten.

Jemand tippte mir auf die Schulter. Ich drehte mich um und sah den Mann in Weiß, der mir ebenfalls eine Lichtkugel hinhielt.

»Für dich.«

Ich nahm den Ball entgegen und entdeckte eine kleine Schachtel darin. Als ich sie öffnete, fand ich einen Zettel, auf den mit goldener Tinte das Wort »Furchtlosigkeit« geschrieben war. Ich lachte etwas gequält. Wer auch immer sich diesen kleinen Scherz erlaubt hatte, teilte nicht meinen Sinn für Humor.

TAG 07 GOTTESDIENST

Von allen Menschen in diesem Raum war ich sicher die Letzte, auf welche dieses Wort zutraf – ich, die vor allem und jedem Angst hatte. Ich war so furchtlos wie ein aufgescheuchtes Reh.

Unter dem Zettel lag noch etwas Zweites in der Schachtel. Es stellte sich als ein Sommerkleid heraus, das sich ebenfalls als schlechter Scherz getarnt hatte, denn ich konnte auf den ersten Blick erkennen, dass es mir bei Weitem zu klein war. Was sollte denn das? Wollte mich hier jemand bloßstellen? Ich wusste doch selbst, dass ich mich in letzter Zeit etwas hatte gehen lassen und nicht gerade trainiert aussah. Musste man mir das auch noch unter die Nase reiben?

»Gottes Geschenke sind nicht für die Version von dir gedacht, die du selbst siehst, sondern für jene, die Gott sieht«, sagte der Mann. »Auch wenn du dich in deinem derzeitigen Zustand weder als furchtlos noch als diesem Kleid entsprechend bezeichnen würdest – Gott sieht beides in dir. Er möchte dich trainieren, weil er weiß, dass beide, das Wort und das Kleid, perfekt zu dir passen.«

Ich wollte den Mann fragen, wie dieses Training in Gottes Augen aussehen sollte. Es war ja nicht so, als hätte ich nicht schon oft genug versucht, meine Ängste und meinen Körper in den Griff zu bekommen. Ich wusste auch, dass beides zusammenhing, aber ich hatte schon so oft versagt, dass ich mich manchmal fragte, ob ich nicht einfach aufgeben sollte. Mein Gedanke reichte, um den Mann antworten zu lassen: »Das Training besteht aus einem Perspektivwechsel«, sagte er. »Gottes Aussage über dich und deine eigene Meinung von dir stehen sich häufig gegenüber. Gottes Perspektive mehr Glauben zu schenken als deiner – das ist der Kampf.«

Ich blickte auf und sah, dass der Mann ein zweites Geschenk in der Hand hielt.

»Gott weiß, dass es nicht einfach ist. Deswegen möchte er dir etwas geben, das dir dabei helfen soll.«

Neugierig öffnete ich die Schachtel. Wieder fand ich einen Zettel, auf dem nur ein Wort geschrieben war.

»Freude?« Ich sah den Mann irritiert an. »Ist Gott der Meinung, ich hätte keine Freude in meinem Leben? Ist das mein Problem?« Der Mann lachte.

»Nein, darum geht es nicht. Siehst du, es gibt zwei Arten von

Freude. Einerseits ist da die Freude, die dich in den guten Zeiten deines Lebens begleitet. Sie taucht ganz von alleine auf. Sie verschwindet aber auch ebenso schnell wieder, wenn die See rauer wird und der Gegenwind dir ins Gesicht bläst. In diesen Situationen braucht es die zweite Art von Freude, und die kann dir nur Gott geben.«

Wieder einmal hatte Gott bewiesen, dass er mich besser kannte als ich selbst. Ich konnte diese Art der Freude gut gebrauchen.

»Deshalb auch der Ring«, sagte der Mann.

Welcher Ring? Oh, auch in diesem Päckchen war noch mehr. Ich nahm den Ring aus dem Samttuch, in das er gewickelt war, und hielt ihn ins Licht. Es war ein zierlicher Silberreif ohne auffallende Verzierungen. Ich zögerte, ihn anzustreifen, und brachte den Mann in Weiß dadurch erneut zum Lachen.

»Keine Angst. Er passt«, sagte er und nickte mir aufmunternd zu. Ich murmelte unhörbar: »An meinen Fingern kann ich schließlich nicht viel zunehmen.« Aber dann musste ich lachen, weil die gesamte Situation endgültig absurd geworden war, und streifte mir den Ring über. Er passte perfekt.

»Wenn du Gefahr läufst, deine Freude zu verlieren und aufzugeben, soll dich dieser Ring daran erinnern, dass Gott dir Freude schenken kann, die unabhängig von deinen Umständen ist. Seine Aussagen über dich sind wie ein Schwert, das du gegen deine Selbstzweifel schwingen kannst.«

Ich sah auf den Ring an meiner Hand. Freude in dunklen Zeiten. Ein Schwert gegen Lügen. Ich war mir nicht sicher, ob ich so viel Ermutigung an einem Tag verkraften konnte, doch ich war auf jeden Fall dankbar und fühlte mich glücklich.

Ich sah mich um. Wenn es jedem in diesem Raum so ergangen war wie mir, konnte ich es kaum erwarten, das Strahlen auf den Gesichtern der Menschen zu sehen. Umso überraschter war ich, als ich neben vielen, die freudig ihr Geschenk in den Händen hielten, auch eine große Anzahl an Leuten sah, die im Dunkeln saßen und scheinbar leer ausgegangen waren.

»Haben diese Menschen keine Geschenke erhalten?«, fragte ich. »Ich hatte gedacht, jeder bekommt eins.«

»Allen wird ein Geschenk angeboten«, sagte der Mann. »Doch nicht jeder nimmt es an. Siehst du, viele Menschen

TAG 07 GOTTESDIENST

kommen jede Woche hierher, ohne dass sie etwas von Gott erwarten. Wenn er ihnen ein Geschenk anbietet, sind manche so abgelenkt, dass sie es gar nicht wahrnehmen. Andere sind durch Bitterkeit und Gleichgültigkeit so blind geworden, dass sie Gottes Angebot gar nicht annehmen können. Vielleicht fühlen sie sich von Gott enttäuscht, vielleicht sind sie unzufrieden mit dem, was Gott ihnen in der Vergangenheit geschenkt hat.

Schließlich gibt es auch solche, die ihr Geschenk einfach nicht annehmen *wollen*, weil es sie zu sehr herausfordert. In den meisten Fällen erfordern Gottes Geschenke eine Bereitschaft zur Veränderung. Nicht alle sind bereit, diesen Preis zu zahlen. Das ist dann die Sorte Mensch, die den Satz ›Bleib so, wie du bist‹ zu wörtlich genommen hat.«

Hatte ich schon erwähnt, dass sich die Aussagen dieses Mannes immer wieder so anhörten, als würde er nur zur Hälfte über andere Personen sprechen und zur Hälfte über mich? Mir fielen auf Anhieb mehrere Gelegenheiten ein, in denen ich Gottes Geschenke als unpassend abgelehnt oder wahrscheinlich gar nicht erst wahrgenommen hatte. Wenn Gott mir aber tatsächlich jederzeit etwas schenken wollte – was würde geschehen, wenn ich bereit wäre, seine Geschenke bedingungslos anzunehmen?

Der Gottesdienst ging zu Ende und die Menschen begannen, den Raum zu verlassen. Auch wir bahnten uns einen Weg nach draußen.

»Ich werde mir das für das nächste Mal merken, wenn ich in den Gottesdienst gehe«, sagte ich.

Der Mann in Weiß stieß ein kurzes Lachen aus.

»Was ist so lustig?«

»Du darfst es dir auch für das nächste Mal merken, wenn du *nicht* in die Kirche gehst«, sagte er. »Gottesdienst ist nicht an einen Raum gebunden. Bleibe aufmerksam – Gott kann dir zu jeder Zeit Geschenke machen. Er lässt sich nicht auf Gottesdienste, Geburtstage und Weihnachten beschränken.«

Wir gelangten an die Treppe. Als ich mich vom Mann in Weiß verabschiedete, lag ein schwer lesbarer Ausdruck auf seinem Gesicht.

»Was ist?«, fragte ich.

»Ach, nichts. Ich freue mich bloß auf morgen«, sagte er.

»Ist es etwas Bestimmtes?«

»Das werde ich dir nicht verraten. Nur so viel: Wir werden einen Ausflug machen und ein paar Freunde besuchen.«

Ob es meine Freunde waren oder seine, sagte er nicht. Er verabschiedete sich und ich machte mich an den Abstieg.

STAUB

STAUB

TAG 8

Wieder einmal konnte ich nichts erkennen. Um mich herum war dicker, weißer Nebel, der keinerlei Konturen verriet. Ich wusste nicht, wo ich mich befand. War das der Treppenaufgang?

»Du bist bereits oben. Folge meiner Stimme.«

Die Worte kamen aus nicht allzu großer Entfernung und klangen wie die Stimme des Mannes in Weiß. Während er anfing, von diesem und jenem zu erzählen, versuchte ich, die genaue Herkunft der Worte zu lokalisieren. Ich machte ein paar vorsichtige Schritte, ehe mir einfiel, dass das Plateau auf der Spitze des Berges, auf welchen die Treppe führte, nach keiner Seite hin abgesichert war. Ich konnte keinen halben Meter weit sehen. Ein falscher Schritt würde mich sehr tief fallen lassen. Die einzig sichere Lösung schien mir daher, auf allen vieren weiterzukriechen.

Nachdem ich auf diese Weise eine Weile halbwegs elegant über den Boden gerobbt war, begannen sich meine Knie über die Art der Fortbewegung zu beschweren. Glücklicherweise klang die Stimme des Mannes inzwischen so, als würde er direkt vor mir gehen. Also stand ich wieder auf und folgte ihm wie ein anständiger Homo sapiens. Bald darauf begann sich der Nebel zu lichten und offenbarte nach und nach einen hellen Wald. Nur wenige Meter vor mir lief tatsächlich der Mann in Weiß und erzählte.

Wir gelangten an den Rand des Waldes. Vor uns erhob sich ein großes, altes Anwesen. Schon von Weitem war zu erkennen, dass es sich um ein prachtvolles und ehrwürdiges Gebäude handelte. Eine große Treppe führte durch dunkelgrüne Gartenanlagen zum Eingang mit einem auf Rundsäulen ruhenden Vordach. Durch ein kunstvoll gearbeitetes Portal betraten wir ein Vestibül, dem eine stille Vornehmheit innewohnte. Schachbrettmuster aus schwarzen und weißen Schieferplatten bedeckten den Fußboden. An den Wänden hingen kostbare Gemälde und unter der Decke glänzten Kristalllüster im matten Licht. Zwei geschwungene Marmortreppen führten links und rechts ins Obergeschoss.

Während ich meinen Blick durch die Eingangshalle schweifen ließ, fiel mir auf, dass das Haus trotz allem Luxus erstaunlich dunkel war. Die gewaltigen Seitenfenster waren mit dicken Vorhängen abgehängt. Keine Kerze brannte. Lediglich durch ein kleines Fenster im Treppenhaus gelangte etwas Tageslicht ins Innere, wodurch ein schummriges Halbdunkel entstand.

Während mich der Mann in Weiß die rechte Treppe hochführte, setzte sich ein unangenehmes Gefühl in meinem Magen fest. Irgendetwas stimmte hier nicht. Am oberen Ende der Treppe öffnete sich ein Korridor mit einer Vielzahl an Türen, welche zu beiden Seiten abgingen. Wir traten in den ersten Raum, der so dunkel war, dass meine Augen zu Beginn kaum etwas erkennen konnten. Die einzige Fensterscheibe war derart verdreckt, dass sich das Tageslicht kaum durch den Schmutz hindurchzuzwängen vermochte. Die dünne Helligkeit zeigte altes, verstaubtes Mobiliar, das kaputt und zerbrochen im Raum verteilt lag. Es sah aus, als wäre jemand eingebrochen. Der Kontrast zur Pracht der Eingangshalle war extrem. Alle Vornehmheit, die dieser Raum einmal besessen haben mochte, war von Alter und Verfall schon vor langer Zeit hinweggenommen worden.

Weder ich noch der Mann in Weiß schienen etwas zu sagen zu haben. Wir gingen schweigend weiter. Einen Raum nach dem anderen betraten wir, und in jedem bot sich uns das gleiche Bild. Dreckige Fensterscheiben, alte, vergammelte Einrichtungen und dicke Staubschichten.

Schließlich gelangten wir zur letzten Tür. Ich trat ein und konnte anfangs keinen Unterschied zu den anderen Zimmern ausmachen. Dann jedoch bemerkte ich, dass in einer Ecke des Raums ein Sessel stand, in dem eine kleine, graue Frau saß. Sie sah genauso verfallen aus wie die Möbel um sie herum. Ich war mir nicht einmal sicher, ob sie noch lebte. Erst als ich näher herantrat, konnte ich sehen, dass sich ihre Brust leicht hob und senkte. Sie war nicht alt, doch ihr Blick war leer und kraftlos wie der einer Sterbenden.

»Was ist mit ihr?«, fragte ich den Mann. »Ist sie krank?«

»Nein«, sagte der Mann, »sie sitzt freiwillig hier. Sie möchte es nicht anders.«

Das klang absurd. »Kann ich ihr denn nicht helfen? Ich könnte ein wenig aufräumen und die Fenster putzen, damit hier wenigstens ein bisschen mehr Licht hereinkommt«, sagte ich.

»Das kannst du tun«, antwortete der Mann. »Doch es wird keinen Unterschied machen. Sobald du nicht mehr hier bist, wird alles wieder so werden, wie es war. Nur sie kann entscheiden, ob sich hier etwas verändern soll oder nicht.«

»Gibt es denn gar nichts, was ich für sie tun kann?«, fragte ich. Der Anblick dieser trostlosen Gestalt hatte mein Mitleid erregt.

»Du kannst dich zu ihr setzen und ihr Gesellschaft leisten, solange du es aushältst.«

»Was meinst du mit: *solange ich es aushalte*?«, fragte ich, ein wenig beleidigt. Ich war keiner von diesen Menschen, die vorschnell aufgaben.

»Ich werde dich nicht aufhalten«, sagte der Mann.

Also setzte ich mich auf den Stuhl, der neben dem Sessel stand; er war das einzige Möbelstück im Raum, das seltsamerweise völlig staubfrei war. Ich widmete meine Aufmerksamkeit der Frau. Ich wusste nicht, was ich sagen sollte, daher schwieg ich eine Weile. Sie schien meine Anwesenheit nicht wahrzunehmen. Ich begann, ihr ein paar Fragen zu stellen, doch sie

TAG 08 STAUB

antwortete nicht. Daraufhin versuchte ich, ihr Geschichten zu erzählen. Ich riss meine besten Witze und trug sogar ein Gedicht vor, das ich noch auswendig kannte. Doch die Frau blieb stumm und regungslos sitzen und starrte auf irgendetwas, das nicht in diesem Raum war.

Je länger ich mich darum bemühte, ihr irgendeine Reaktion zu entlocken, desto stärker zerrte ihre Teilnahmslosigkeit an meinen Kräften. Ich stand auf und versuchte, das Fenster zu öffnen, doch es war schon so lange nicht mehr benutzt worden, dass es sich verklemmt hatte. Also begann ich, den Staub von der Innenseite zu wischen, damit wenigstens etwas mehr Licht in den Raum fallen konnte. Doch selbst das schien keinen Eindruck auf die Frau zu machen. Ich gab auf. Ich wollte mich bereits resigniert auf den Stuhl fallen lassen, als der Mann mich bei der Hand nahm und aus dem Zimmer, den Gang und die Treppe hinunter und aus dem Haus hinausführte.

Augenblicklich fiel die Lethargie von mir ab, die in dem muffigen Zimmer von mir Besitz ergriffen hatte. Ich sah auf das Haus zurück. So beeindruckend sein Anblick zuvor gewesen sein mochte, fühlte ich doch jetzt nichts als Trauer. Wie hatte man ein so großartiges Haus nur so verkommen lassen können? All die leerstehenden Zimmer hätten von Leben und Freude erfüllt sein sollen. Letztlich lag der Wert eines solchen Anwesens doch in dem Potenzial, das darin steckte. So aber war es eine einzige große Verschwendung. Ich hatte vor dem Eintreten noch gedacht, wir würden einen weiteren von Gottes Thronsälen erkunden, doch jetzt musste ich feststellen, dass Gott in diesem Haus wohl nur wenig fand, was ihn zum Bleiben bewegt hätte.

Dem Mann, der wie immer zu wissen schien, was in mir vorging, stand der Schmerz ebenso ins Gesicht geschrieben. »Weißt du«, sagte er, »das Haus war einmal ein Geschenk von mir. Ich habe es der Frau gegeben, damit sie sich daran freuen und ihre Freude mit anderen teilen kann. Doch sie hat sich dafür entschieden, das Haus nur für sich allein haben zu wollen. Und so hat sie sich immer weiter zurückgezogen, bis sie sich selbst so eingeengt hatte, dass sie vergaß, wie groß ihr Haus eigentlich war. In ihrer Wahrnehmung ist dieses kleine, verstaubte Zimmer alles, was ihr geblieben ist.«

Mir wurde bewusst, warum der Stuhl im Zimmer der Frau das einzige Möbelstück war, das nicht von Staub bedeckt war. Er war es, der für gewöhnlich dort saß und mit der Frau redete. Der Mann wandte sich vom Anwesen ab. Wir gingen in Richtung einiger Häuser, die ich zuvor nicht wahrgenommen hatte. Sie standen auf demselben Gelände, doch sie glichen eher Garten- als richtigen Wohnhäusern, vor allem im Vergleich zur riesigen Residenz, in deren langem Schatten sie standen. Dennoch konnte ich bereits von Weitem erkennen, dass es in diesen kleinen Häuschen vor Leben nur so sprühte. Ich hörte lautes Lachen, Kinder rannten um die Häuser und je näher wir kamen, desto kräftiger stieg mir der Duft von frisch gekochtem Essen in die Nase. Ich hatte das Gefühl, als würden die Häuser vor Lebenslust leuchten. Vielleicht spielten mir aber auch nur meine Augen einen Streich.

Sobald die ersten Bewohner uns bemerkten, begrüßten sie uns stürmisch, als wären wir alte Bekannte. Sie winkten uns in eines der Häuser herein. Die Haustür stand wie die übrigen offen. Sobald wir drinnen waren, wurden wir an den Esstisch gesetzt, auf dem bereits eine Mahlzeit aufgetischt war, die wohl für das gesamte Dorf reichen sollte. Bevor ich höflich protestieren konnte, dampfte eine Suppe in meinem Teller, der Tisch füllte sich mit immer mehr Menschen und das Essen begann.

Laut und ausgelassen wurden Geschichten erzählt, Witze gerissen und ausgiebig gelacht. Ich hatte diese Menschen noch nie zuvor in meinem Leben gesehen und fühlte mich dennoch augenblicklich zu Hause.

Lange nachdem alle mit dem Essen fertig waren, saßen wir noch immer da und genossen die Gemeinschaft. Erst als wir wieder draußen standen und ich zum großen, leblosen Haus hinübersah, fragte ich mich, ob die einsame Frau manchmal von diesen Menschen zum Essen eingeladen wurde, wie wir es gerade erlebt hatten. Selbst jemand wie sie müsste doch bei solch einem Erlebnis aus ihrer Lethargie gerissen werden.

»Sie hat schon viele Einladungen erhalten«, sagte der Mann in Weiß, der ebenfalls das stille Anwesen betrachtete. »Diese Menschen sitzen mindestens so häufig bei der Frau wie ich. Sie bringen ihr Essen und leisten ihr Gesellschaft, so oft und so lange sie es ertragen. Doch auch sie können nicht mehr tun, als ihr das zu geben, was sie haben. Solange sie sich weigert, ihr selbst gewähltes Schweigen zu brechen, kann es auch niemand anderes für sie tun.«

»Heißt das, sie wird nie wieder in der Lage sein, am Glück dieser Menschen teilzuhaben?«

»Wo ein Wille ist, ist Hoffnung«, sagte der Mann.

»Dann ist meine Hoffnung«, sagte ich, um das Thema zu wechseln, »dass wir heute noch zum Thronsaal gehen.«

»Wir waren bereits da.«

Meine Güte, hatte ich das schon wieder nicht bemerkt? Aber wenn es das Anwesen nicht gewesen war –

»Das kleine Haus?«, fragte ich und blickte zurück.

»Richtig«, sagte der Mann. »Gott braucht keine Paläste. Er hält sich ebenso gerne im kleinsten Zimmer auf, das er finden kann. Ein Palast ist keine Garantie für Gottes Anwesenheit, wie du heute bemerkt hast. Es sind nicht Reichtum und Schönheit, die Gott interessieren. Er sucht nach Orten, an denen Licht und Leben ist.

Siehst du, je größer dein Haus ist, desto größer ist auch der Aufwand, um es sauber und ordentlich zu halten. Es geht Gott nicht darum, wie viel man besitzt, sondern wie man mit dem umgeht, was man hat. Die Menschen hier könnten das Haus der stummen Frau genauso mit Leben füllen wie ihre eigenen kleinen Häuschen, doch die Frau verbietet es ihnen, weil sie ihr Haus nicht teilen will. Und so quellen ihre eigenen Wohnungen vor Leben geradezu über.«

»Es wundert mich nicht, dass Gott sich so gerne bei ihnen aufhält«, sagte ich.

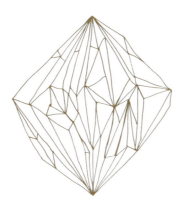

WENDE • PUNKT

WENDEPUNKT

TAG 9

Wütend rannte ich die Treppe hoch, so schnell mich meine Beine trugen. Heute hatte Gott besser ein paar gute Antworten parat, wenn er das Desaster von gestern erklären wollte. Wie hatte er zulassen können, dass alles zusammenbrach, wofür meine Freunde und ich so lange gebetet hatten? Wir hatten ihm vertraut!

Niemand begleitete mich heute und die Treppe ließ mich all ihre unzähligen Stufen nehmen, als wolle sie mich provozieren. *Mal sehen, ob dir nicht die Luft ausgeht, ehe du oben ankommst.* Doch so leicht war ich heute nicht kleinzukriegen. Die einsetzende Erschöpfung vergrößerte nur noch meine Wut, ganz egal, wie viele Stufen mir die Treppe auch entgegenwarf.

Schweißgebadet kam ich oben an und stürmte ohne Atem zu holen in den Thronsaal. Ich hatte mir die Worte bereits zurechtgelegt. Gerade wollte ich mit meiner Tirade anfangen, als ich feststellte, dass ich statt des Thronsaals ein Konferenzzimmer betreten hatte, in welchem einige Männer und Frauen um einen großen Tisch gebeugt saßen und diskutierten.

Vor Überraschung blieben mir die Worte im Hals stecken.

TAG 09 WENDEPUNKT

Die Gruppe hatte mir ihre Blicke zugewandt und stellte ihre Gespräche ein. Wortlos standen die Einzelnen auf und verließen den Raum. Nur eine Person war sitzen geblieben. Der Mann in Weiß sah mich ruhig an und schien darauf zu warten, dass ich tat, wozu ich gekommen war. Ich hatte jedoch völlig vergessen, was ich sagen wollte.

»Was – was ist das hier? Wo bin ich? Wer waren diese Leute?«, war alles, was ich herausbrachte. Ich war an den Tisch herangetreten, auf dem Stapel mit Ordnern, Dokumenten und Fotografien verteilt waren, die mir allesamt seltsam vertraut vorkamen, je länger ich sie betrachtete.

»Du befindest dich an jenem Ort, an dem es um dein Leben geht«, sagte der Mann. »Die Personen, die du gerade gesehen hast, sind mit nichts anderem beschäftigt, als zu überlegen, wie dein Leben gelingen kann. Worauf du dich konzentrieren solltest und wie wir dir Gutes tun können.«

Die Antwort des Mannes verwirrte mich noch mehr, als ich es ohnehin schon war. Diese Menschen waren alle nur für mich zuständig? Sie konzentrierten sich auf mein Leben? Wie? Wer? Was waren das für Personen, die über mein Leben beratschlagten? Und vor allem – hier fiel mir wieder ein, weshalb ich ursprünglich hergekommen war – wieso schienen sie einen derart miesen Job zu machen?

Ausnahmsweise ging der Mann in Weiß einmal überhaupt nicht auf meine Gedanken ein, sondern stand auf und meinte mit einer Handbewegung: »Komm, ich zeige dir den Rest der Belegschaft.«

Mit diesen Worten erweiterte sich der Raum zu einer gigantischen Halle, die den Blick auf Hunderte Tische freigab wie jenen, an dem wir standen. An jedem Tisch saßen Gruppen von Leuten, die sich konzentriert über Dokumente beugten, lebhaft diskutierten, lachten und den Saal mit geschäftigem Lärm füllten. Der Mann führte mich durch die Gänge zwischen den Tischen und erklärte dabei.

»In diesem Saal werden die Umstände und Situationen deines Lebens besprochen – wie sie sich gestalten und wie sie am besten um deine persönlichen Entscheidungen herum geordnet werden können, damit du dich optimal entfalten kannst. Jeder hier ist für einen anderen Bereich zuständig. Hier drüben zum Beispiel«, sagte er und bezeichnete mit einer groben Geste einen Teil der Halle, »geht es um die Lektionen, die du im Leben lernst, während diese Sektion«, wieder bezeichnete er einen großen Bereich, »im Blick hat, worauf dein Fokus im Leben liegt.« Er blieb vor einer Gruppe an Tischen stehen, an denen die Belegschaft ganz besonders ausgelassen zu sein schien.

»Diese Leute hier haben das Privileg, für Gottes Geschenke und Wunder in deinem Leben verantwortlich zu sein«, sagte der Mann. »Das ist eine meiner Lieblingsarbeiten, wenn ich hier bin«, fügte er grinsend hinzu.

Meine Güte, eine ganze Fabrikhalle mit Personen, die sich um mein Leben Gedanken machten? Ich wusste nicht, ob ich mich geschmeichelt fühlen sollte, dass mir so viel Aufmerksamkeit geschenkt wurde, oder gekränkt, dass so viel an dem gewerkelt wurde, was ich eigentlich als *mein* Leben betrachtete. Irgendwie schämte ich mich auch ein wenig, dass mein Leben trotz all dieser akribischen Arbeit so chaotisch aussah. Allerdings stellte ich mir immer noch die Frage, ob das nicht eigentlich deren Schuld war und nicht meine. Waren sie nicht für das verantwortlich, was gestern geschehen war?

Wieder entschied sich der Mann in Weiß, auf meine Gedanken nicht einzugehen. Stattdessen traten wir aus dem Gebäude heraus und stiegen einen Hügel hinauf. Normalerweise hatte mein Begleiter doch immer einen guten Spruch auf Lager, der mir aus meinen Gedankensalaten half. Heute war wohl Schweigetag.

Wir erreichten die Kuppe des Hügels, von der aus man eigentlich eine tolle Aussicht über die Landschaft hatte. Aus unerfindlichen Gründen war jedoch alles so unscharf, dass ich kaum mehr als grünbraune Flecken erkennen konnte. Hatte ich heute Morgen nach dem Aufstehen vergessen, meine Kontaktlinsen einzusetzen?

»Vor dir liegt dein Leben«, sagte der Mann. »Dass du kaum etwas erkennen kannst, liegt daran, dass du es nur aus deiner Perspektive siehst.« Er reichte mir eine Brille. »Schau dir doch einmal an, wie es in Gottes Augen aussieht.«

Sobald ich die Brille aufgesetzt hatte, sah ich nicht nur klar – ich sah gestochen scharf. Als hätte ich die Sehkraft eines

Adlers, erkannte ich selbst die winzigsten Details der Landschaft vor mir: Ich konnte die Blätter an den Bäumen zählen und die Ziegel auf den Hausdächern. Selbst die Berge am Horizont schienen so nah und klar, als würde ich sie durch ein Fernglas betrachten.

»Ich weiß, es klingt oft kitschig, wenn man sagt, dass Gott alles sieht«, sagte ich. »Aber wenn das seine Perspektive auf mein Leben ist – dann sieht er ja wirklich alles!«

»Ihm entgeht nicht die kleinste Kleinigkeit«, sagte der Mann mit einem seiner unnachahmlichen Lächeln und nahm mir die Brille wieder ab. »Komm, wir gehen weiter.«

Wir stiegen den Hügel auf einem anderen Weg hinab, als wir gekommen waren, und standen bald vor einer Mauer, die sich nach beiden Seiten endlos hinzustrecken schien, sodass ich keinen Weg sehen konnte, der an ihr vorbeigeführt hätte. Wenn wir nicht alles wieder zurücklaufen wollten, steckten wir hier fest. Eine Sackgasse. Ich war ein wenig enttäuscht von meinem Begleiter, der ausgerechnet heute keine gute Figur als Wanderführer machte. Er selbst blieb stumm und starrte an die Wand.

»Und was machen wir jetzt?«, fragte ich.

»Das überlasse ich dir«, antwortete er.

Großartig. Ich hatte doch noch weniger Ahnung als er, wie wir weiterkommen sollten. Nachdem wir also eine Weile schweigend dagestanden hatten, wurde mir die Sache zu blöd und ich setzte mich hin. Der Mann setzte sich neben mich.

Ein lauter Gong dröhnte. Ich sprang auf.

»Was war das?«, rief ich.

»Das war das Zeichen für die Belegschaft, dass es Zeit ist für den Wendepunkt«, sagte er.

»Den was?«

»Deinen Wendepunkt. Eine heikle Angelegenheit. Jeder in der Belegschaft kann Vorschläge abgeben, wie sich dein Leben in dieser Situation weiterentwickeln soll.«

»Und wer entscheidet darüber, welcher Vorschlag angenommen wird?«, fragte ich.

»Du.«

Na toll.

»In diesen Momenten sind immer alle sehr nervös«, sagte der Mann. Ich sah ihn an. Er grinste.

»Lass mich dir helfen«, sagte er. »Du kannst nicht wissen, was hinter dieser Mauer ist. Sie steht nicht hier, weil Gott dich ärgern möchte.«

»Sondern?«

»Weißt du«, sagte der Mann, »viele Menschen sehen alle Mauern in ihrem Leben als Hindernisse, die es zu überwinden gilt. Sobald sie jedoch an einer scheitern, resignieren sie und bleiben in ihrer Sackgasse sitzen. Dabei sind diese Mauern nur *eine* Art von Wendepunkt. Manche sind nämlich nicht als Hindernisse gedacht, die es zu überwinden gilt, sondern als Hinweise, dass es an der Zeit ist, einen anderen Weg einzuschlagen. Hinter ihnen kann sich ein Abgrund befinden oder eine Wüste. Wer in solch einer Situation versucht, die Sache auszusitzen, die Mauer zu durchbrechen oder sich unter ihr durchzugraben, versteht ihren Sinn nicht. Und schließlich gibt es manchmal Hindernisse, die Gott dir ganz bewusst in den Weg stellt, wenn du so in deinem Alltag versunken bist, dass du ihn völlig vergessen hast. Es ist ein Versuch, dich daran zu erinnern, dass du auf Gott angewiesen bist, egal, wie sehr du dein Leben im Griff zu haben meinst.«

»Und vor was für einer Art Wendepunkt stehe ich?«, fragte ich.

»Das herauszufinden«, antwortete er, »liegt an dir.«

Ich dachte darüber nach, was der Mann mir gerade erklärt hatte. Wenn hinter der Mauer tatsächlich ein Abgrund lag (oder eine Wüste oder Treibsand oder was auch immer), dann ging es in diesem Fall nicht darum, auf die andere Seite zu gelangen, sondern die Richtung zu ändern.

Ich stellte mich mit dem Rücken zur Mauer und sah in die Richtung, aus der wir gekommen waren. Und siehe da: Ganz deutlich verlief dort ein zweiter Weg. War der gerade erst entstanden oder hatte ich ihn wie so oft einfach übersehen, weil ich so sehr auf etwas anderes konzentriert gewesen war?

»Der Weg ist schon immer da gewesen«, sagte der Mann. »Es handelt sich dabei allerdings um einen von der Sorte, die erst sichtbar werden, wenn man mit dem Rücken zur Wand steht.«

Wendepunkt. Ha!

Wieder einmal kam ich mir ertappt vor. Aber wieder einmal hatte ich auch etwas gelernt. Wir gingen den neuen Weg ent-

TAG 09 WENDEPUNKT

lang, der nach einiger Zeit zur Rückseite des Thronsaals führte. Im selben Moment, als ich die Klinke herunterdrücken wollte, öffnete sich die Tür von innen und die gesamte Belegschaft der Konferenzhalle strömte heraus. Jeder Einzelne von ihnen warf mir einen strahlenden Blick zu und manche bedankten sich bei mir. Scheinbar hatte ich eine gute Wahl getroffen. Nun verstand ich auch besser, was all die Leute eigentlich machten. Sie wachten über mein Leben, brachten so manchen Segen hinein und hatten alles im Blick – alle Möglichkeiten und Optionen, die mir offenstanden. Dennoch war ich selbst für meine Entscheidungen und den Weg, den ich gehen wollte, verantwortlich.

Als der letzte Mitarbeiter das Gebäude verlassen hatte, trat ich ein und befand mich wieder in dem kleinen Konferenzraum, den ich zu Beginn betreten hatte. Diesmal allerdings war er bis auf eine Hängematte leer, die in der Mitte des Raumes hing. Eine Weile versuchte ich, den tieferen Sinn dieser Hängematte zu ergründen, bis ich mich mit der Tatsache abgab, dass eine Hängematte wohl einfach nur zum Reinlegen gedacht war. Also ließ ich mich hineinfallen und genoss die schaukelnde Schwerelosigkeit, so lange ich konnte. Wenn Gott der Meinung war, es sei besser, bei Krisensituationen erst einmal Pause zu machen – dann wollte ich mich nicht beschweren. Ich erinnerte mich an etwas, das ich vor ein paar Tagen gelernt hatte: In der Ruhe liegt die Kraft.

PRÜFUNGEN

TAG 10

Ins Gespräch mit dem Mann in Weiß vertieft, lief ich gemütlich die Treppe hoch. Und wie es mit Gesprächen so üblich ist, verkürzte es unseren Weg auf angenehme Weise, sodass wir schon bald oben angelangt waren.

Vor uns standen drei Gebäude. Der Mann reichte mir einen Briefumschlag und deutete auf das Gebäude zu unserer Rechten.

»Heute musst du wieder alleine gehen. Ich werde auf der anderen Seite auf dich warten.«

Ich steckte den Brief ein, nickte dem Mann zu und begab mich zur Eingangstür. Als ich eintrat, war ich erstaunt, denn ich hatte so etwas wie ein Schwimmbad betreten. Bis auf einen schmalen Bereich an der Eingangstür war der gesamte Raum mit Wasser gefüllt und unter der stillen Oberfläche sah ich eine Treppe, die in das Becken führte.

Ich hatte keine Badesachen dabei, doch es war offensichtlich, dass es keine Möglichkeit gab, das Ende des Raumes zu erreichen, ohne das Wasser zu durchqueren. Was soll's, dachte ich, und ging ein paar Schritte hinein. Es war angenehm warm.

Ich stieg tiefer hinein, bis mir das Wasser bis zur Brust stand, als aus dem Nichts ein kräftiger Wind aufkam und das gerade noch regungslose Becken in ein aufgewühltes Meer verwandelte, dessen meterhohe Flutwellen drohten, mich in die Tiefe zu drücken. Doch die einzige Frage, die mich in dieser bedrohlichen Situation quälte, lautete: Wie in aller Welt kam denn bitteschön ein Sturm in ein geschlossenes Gebäude? Das war doch verrückt! Meine Entrüstung änderte jedoch nichts daran, dass ich schon bald vom Kampf gegen die Wellen so erschöpft war, dass mir nichts anderes übrig blieb als umzudrehen. Ich stieg also aus dem Wasser und just in dem Moment legte sich der Wind wieder.

Das Becken lag mit einem Mal wieder so unschuldig und still da, als hätte es so etwas wie einen Sturm nie gegeben.

Während ich meine Kräfte sammelte, sah ich mich im Raum um. Die Ausgangstür auf der anderen Seite war klar zu sehen. Es gab keinen anderen Weg als durch das Wasser hindurch. Also stürzte ich mich ein zweites Mal in die Fluten. Mein Plan war, so schnell wie möglich loszuschwimmen, um dem Sturm ein paar Meter voraus zu sein, ehe er einsetzte. Doch als hätte das Wetter meine Gedanken erraten, warfen sich Wind und Wellen schon auf mich, sobald ich im Wasser war, und zwangen mich erneut zur Umkehr. Ich setzte mich auf den Beckenrand und wieder legte sich der Sturm, sobald ich aus dem Wasser gestiegen war. Konnte das denn so schwer sein? Das Becken hatte eine überschaubare Größe, und doch schien mir die Durchquerung ein Ding der Unmöglichkeit zu sein. Sollte ich aufgeben? Aber ich hatte wenig Lust, dem Mann erklären zu müssen, warum ich bereits im ersten Haus gescheitert war.

Beim Gedanken an den Mann fiel mir wieder der Brief ein, den er mir zugesteckt hatte. Ich tastete in meiner Tasche nach ihm. Wahrscheinlich war er sowieso völlig verwaschen und unleserlich, nachdem ich in voller Montur ins Wasser gesprungen war. Doch als ich ihn in der Hand hielt, war er so trocken, als wäre er den ganzen Tag in der Sonne gelegen. Neugierig öffnete ich den Umschlag und begann, den Brief zu lesen. Es waren Bibelverse, die von Menschen berichteten, welche in Stürme geraten waren, aus denen sie alleine nicht mehr herauskamen. Die Verse berichteten davon, wie Gott diese Menschen in und durch ihre Stürme hindurch begleitet hatte. Es waren ermutigende Zeilen, doch ich war mir nicht sicher, wie mir das beim Schwimmen helfen sollte. Nichtsdestotrotz wagte ich einen letzten Versuch.

Ich war gerade einmal ein paar vorsichtige Schritte ins Wasser gegangen, als sich der Sturm in bisher ungeahnter Stärke und Plötzlichkeit aufbäumte und die Wogen über mir zusammenbrechen ließ wie ein riesengroßes Kartenhaus, doch ich wich nicht zurück. Auf einen absurden Einfall hin kramte ich prustend und nach Luft schnappend den Brief aus meiner Tasche und begann, dem Sturm eine Zeile nach der anderen entgegenzuschleudern. Zentimeter um Zentimeter kämpfte ich mich so voran.

Und tatsächlich – je länger ich die Verse zitierte, die mir mitgegeben worden waren, umso schwächer wurde der Sturm, bis das Wasser sich so weit beruhigt hatte, dass ich die letzten Meter problemlos hindurchwaten konnte. Ich erreichte das Ende des Beckens und stieg die Stufen hinauf. Vor der Tür zum Ausgang lag ein weiterer Briefumschlag. Ich steckte ihn ein und trat ins Freie.

Draußen wartete wie versprochen der Mann in Weiß auf mich und nahm mich in den Arm. Ich dachte daran, mich zu wehren, weil ich ihn nicht mit meinen durchtränkten Klamotten nass machen wollte. Doch ich stellte fest, dass nicht ein Tropfen Wasser an mir war. Ich fühlte mich so erfrischt, wie man es nach einem ausgiebigen Bad für gewöhnlich ist, doch meine Kleider waren so trocken, als kämen sie direkt von der Leine.

»Freut mich, dass du es durch den Sturm geschafft hast«, sagte der Mann in Weiß. »Stürme gehören zum Leben dazu und selbst Gott verhindert nicht alle von ihnen. Doch ein Sturm kann dich erst überwältigen, wenn du vergisst, dass Gott bei dir ist und dir helfen möchte.«

Wir waren vor dem zweiten Gebäude angelangt. Es sah von außen genauso aus wie das erste und ich erahnte eine weitere Prüfung.

»Kommst du wieder nicht mit?«, fragte ich.

»Das widerspräche der Natur der Sache«, sagte der Mann und klopfte mir auf die Schulter. »Du schaffst das.«

Also betrat ich auch dieses Gebäude allein. Ich hatte kaum die Tür geöffnet, als mir eine beißende Hitzewelle entgegenschlug. Wären meine Kleider nicht aus unerklärlichen Gründen bereits trocken gewesen, spätestens jetzt hätten sie allen Grund dazu gehabt. In engen Reihen durchzogen Feuersäulen den Raum. Sie standen so nah beieinander, dass an ein Hindurchkommen nicht zu denken war, wenn ich nicht selbst als lebende Feuersäule enden wollte. Da ich diesmal keinen Testversuch starten musste, um zu wissen, dass ein solches Vorgehen zum Scheitern verurteilt sein würde, holte ich gleich den Brief aus meiner Tasche und fing an, laut zu lesen. Die Bibelstellen handelten von Mut, Kampf und Sieg und ich schwang die Worte wie ein Schwert gegen die Feuersäulen vor mir.

Nichts geschah.

Das ließ mich ein wenig ratlos zurück. Aus Mangel an Alternativen las ich dieselben Verse einfach noch einmal vor. Wieder blieben die Säulen unbeeindruckt. Doch als ich bei der letzten Zeile angekommen war, begann die Feuersäule direkt vor mir zu zittern und löste sich vom Boden. Als würde sie von einer unsichtbaren Kraft nach oben gezogen werden, schwebte sie aufwärts, bis sie wenige Zentimeter schräg über meinem Kopf zum Stehen kam. Zaghaft tat ich einen Schritt nach vorne. Ich stand genau unter der Feuersäule, die in diesem Moment glücklicherweise nicht wieder herabfiel, um mich in ihren Flammen zu verzehren.

So weit, so gut.

Ich las den Brief ein weiteres Mal vor. Der Inhalt der Bibelstellen war wohl nicht zufällig gewählt, denn tatsächlich musste ich mich in diesem Raum Meter für Meter vorkämpfen, als würde ich eine Schlacht gegen das Feuer führen. Wieder und wieder zitierte ich die Verse, sodass die Säulen eine nach der anderen einen Weg freigaben, der mich in labyrinthartigen Windungen durch den Raum führte. Links und rechts von mir brannte das Feuer mit einer solchen Hitze, dass die Haut unter meinen Kleidern sich bald anfühlte, als würde sie glühen. Schweiß lief in kleinen Bächen mein Gesicht hinunter und wurde von meiner Kleidung aufgesaugt, die im selben Moment wieder von der Hitze getrocknet wurde. Doch ich machte gut Boden wett, und nach nicht allzu langer Zeit hatte ich den

Ausgang erreicht und stand im Freien, wo mir ein angenehm kühler Wind entgegenwehte. Ich sah nach meinen Kleidern, um zu sehen, wie viel von ihnen der Hitze zum Opfer gefallen war, doch wieder war es, als ob die Elemente mir nichts hatten anhaben können. Ich roch nicht einmal nach Rauch. Vielmehr kam ich mir auf seltsame Art noch sauberer vor, als ich es nach dem Bad im Schwimmbecken gewesen war: ganz als hätte das Feuer den restlichen Schmutz aus meinen Kleidern und von meiner Haut gebrannt.

»Tapfer gekämpft«, sagte der Mann in Weiß, der wieder mit offenen Armen auf mich wartete. »Es ist nicht immer einfach, durchzuhalten, wenn alles um einen herum zu brennen scheint.«

Ja, ich hatte durchgehalten! Das Wissen darum, die zweite Prüfung gut überstanden zu haben, gab mir genug Selbstvertrauen, um auch das letzte Haus anzugehen. Ich ging bereits entschieden darauf zu, als mir der Mann hinterherrief:

»Vergiss den Brief nicht!«

Tatsächlich, ich hatte ganz vergessen, meinen Brief abzuholen. Er holte mich ein und drückte mir den Umschlag in die Hand. Ich nickte dem Mann mit einem Ausdruck der Entschlossenheit zu, steckte den Brief ein und betrat das dritte Haus.

Wo war ich denn hier gelandet? In einem Dampfbad?

Dicke, graue Nebelschwaden versperrten mir die Sicht, so dicht, dass ich buchstäblich die Hand vor den Augen nicht mehr sehen konnte, geschweige denn einen Weg. Ich nahm den Brief aus dem Umschlag und hielt ihn mir vors Gesicht, doch selbst er verschwand im undurchdringlichen Zwielicht. Darauf war ich nicht wirklich vorbereitet. Da ich wusste, dass der Inhalt des Briefes für die Prüfungen essenziell war, wollte ich auch nicht ohne ihn loslaufen, also entschloss ich mich fürs Erste zum Rückzug.

Der Mann stand noch draußen vor der Tür.

»Ich kann den Brief da drin nicht lesen«, sagte ich.

»Niemand hat behauptet, man dürfe die Briefe erst lesen, wenn man im Gebäude ist«, sagte der Mann schmunzelnd.

Ach so, ja klar. Daran hatte ich gar nicht gedacht. Ich hielt den Brief noch in der Hand, also begann ich einfach zu lesen. Es waren Geschichten von Jesus, der blinde Menschen sehend gemacht hatte, sei es im wörtlichen oder übertragenen Sinn, und ihnen so den Weg gezeigt hatte. Während ich versuchte, die Bibelstellen auswendig zu lernen, dachte ich daran, wie viel Mühe ich mir wohl gespart hätte, wenn ich auch in den anderen Häusern auf die Idee gekommen wäre, die Verse zu lernen, ehe ich mich auf die Prüfungen stürzte. Nun blieb mir keine Wahl und ich bemühte mich, meinem Kurzzeitgedächtnis so viele Bibelstellen wie möglich beizubringen, ehe ich mich wieder in den Nebel traute.

Innen hatte sich nichts verändert. Ich begann, den ersten Vers aufzusagen, den ich mir gemerkt hatte. Die Dampfschwaden vor mir lichteten sich ein wenig und so ging ich einige Schritte voran. Dann senkte sich der Dunst wieder auf mich, also zitierte ich einen weiteren Vers. Auf diese Weise tastete ich mich mit kleinen Schritten Stück für Stück vor, ohne dass ich den Ausgang oder auch nur mehr als die nächsten paar Meter erkennen konnte.

Das Zwielicht und die Monotonie der grauen Schwaden um mich herum zehrten mehr an meinen Kräften, als es die Hitze des Feuers oder die Kraft des Wassers vermocht hatten. Da ich zu keinem Zeitpunkt wusste, wie weit ich bereits gekommen oder ob ich überhaupt auf dem richtigen Weg war, krochen nach und nach immer dunklere Gedanken in meinen Kopf. Ich dachte ans Aufgeben. Woher sollte ich schon wissen, dass ich mich nicht schon seit Langem im Kreis drehte? Je länger ich mich vorantastete, desto mehr verlor ich mein Zeitgefühl. Wie viele Stunden lief ich nun schon durch diese Suppe? Oder waren es Tage? Ich schrie zu Gott, er möge mir helfen. Wie konnte es sein, dass ich bei dieser letzten Prüfung derart versagte? Ich hatte mich doch im Sturm und bei den Feuersäulen so gut geschlagen!

Zu allem Überfluss fielen mir nach und nach auch die Bibelstellen nicht mehr ein, die ich auswendig gelernt hatte, obwohl ich sie alle schon ein dutzendmal aufgesagt hatte. Immer öfter griff mein Gedächtnis auf der Suche nach ihnen ins Leere, als befände ich mich in der Phase des Einschlafens, in denen einem die Gedanken nach und nach entgleiten und man sich nicht mehr erinnern kann, woran man noch vor zehn Sekunden gedacht hat.

Schließlich übermannte mich meine geistige Erschöpfung und die gefühlte Sinnlosigkeit des Ganzen und ich setzte mich auf den kalten Steinboden. Es kam mir so vor, als würde der Nebel mich verspotten. »Der Ausgang ist direkt neben dir«, schien er mir ins Ohr zu flüstern. »Zu schade, dass du ihn nicht sehen kannst.« Und als wollte er mich endgültig lächerlich machen, lichtete sich der Nebel auf einmal und ich konnte den Weg zurück zum Eingang erkennen. »Du hast es versucht«, war die eindeutige Botschaft. »Gib auf.« Ja, was würde schon passieren? Wäre der Mann in Weiß enttäuscht von mir? Würde er mir einen weiteren Brief geben? Noch mehr Bibelzitate?

Doch der Gedanke an Aufgeben war noch schwerer zu ertragen als diese Sinnlosigkeit. Ich rappelte mich ein letztes Mal auf, warf dem Nebel mit matter Stimme einige Versfetzen entgegen und stolperte die paar Meter entlang, die er mir höhnisch grinsend freigab. Ich begann zu weinen. Nicht aus Ärger oder Trauer, sondern einfach aus Erschöpfung. Kalte Tränen liefen meine Wangen hinunter, tropften von meinem Kinn und verschwanden im Nebel.

Doch mit einem Mal spürte ich, dass jemand neben mir ging. Plötzlich war ich nicht mehr allein. Im undurchdringlichen Nebel konnte ich zwar niemanden erkennen, doch ich wusste, dass es der Mann in Weiß war, der an meiner Seite lief. Seine Gegenwart war mir inzwischen so vertraut, dass ich sie selbst dann erkannte, wenn ich ihn nicht sah. So glücklich ich jedoch über seine Anwesenheit war, so hemmungslos ließ ich im selben Moment all meinen Frust und meine Erschöpfung an ihm aus.

»Was soll das hier?«, schrie ich. »Wo bist du? Ich irre hier seit Stunden durch diesen Nebel! Ich kann nicht mehr!«

Der Mann antwortete nicht, doch im nächsten Augenblick spürte ich, wie er meine Hand nahm und mich führte. Langsam zog er mich voran und schließlich hörte ich seine Stimme ganz nah neben mir.

»Ich weiß«, sagte er. »Diese Prüfung ist die schwerste von allen. Sie sieht leichter aus als alle anderen Prüfungen und gerade deshalb ist sie so gefährlich. Nur wenige schaffen es, der Versuchung zu widerstehen und nicht zurückzugehen, wenn sich ihnen die Möglichkeit bietet.«

TAG 10 PRÜFUNGEN

Immerhin etwas, dachte ich.

»Es ist immer leichter, für ein Ziel zu kämpfen, das man sieht. Erst wenn dir die Sicht genommen wird, zeigt sich, wie groß dein Vertrauen wirklich ist.«

Ich war zu müde, um ihm irgendetwas zu erwidern, und so trottete ich ihm wortlos hinterher.

»Aber komm, wir haben es fast geschafft. Schließe deine Augen und vertraue mir.«

So wenig ich zwar mit offenen Augen sehen konnte, so sehr zuckte ich doch bei diesen Worten zurück. Vertrauen? Wie oft hatte sich das nicht schon als mein größter Fehler herausgestellt? Ich wusste, dass ich auf mich allein gestellt höchstwahrscheinlich nie aus diesem Raum hinausfinden würde, doch das änderte nichts daran, dass mir der Gedanke nicht behagte, die Kontrolle über meinen Weg vollends aus der Hand zu geben.

Ich hörte die Stimme des Mannes in meinem Kopf, obwohl er nichts sagte: Vielleicht hatte sich Gott diesen Moment genau deshalb ausgesucht, um mein Vertrauen zu testen. Und wie immer hatte er recht. Es machte ja kaum noch einen Unterschied, ob ich die Augen offen ließ oder nicht. Wann wäre es leichter, dem Ganzen eine Chance zu geben, als jetzt und hier?

Also gab ich mir einen Ruck und machte die Augen zu. Ich hatte nun endgültig keine anderen Anhaltspunkte mehr außer dem Gefühl des Bodens unter meinen Füßen und der Hand des Mannes, die meine führte. Eine tiefe Unruhe überkam mich, weil ich mir bewusst war, wie hilflos ausgeliefert ich in diesem Moment war. Doch nach und nach entspannte ich mich, bis ich auch meinen krampfhaften Händedruck ein wenig lockern konnte, der mir anfangs gar nicht aufgefallen war und mit dem ich dem Mann wohl beinahe die Fingerknochen gebrochen haben musste.

Nach einer Weile, in der wir schweigend hintereinander gegangen waren, begann sich ein Gespräch zu entwickeln, das bald unsere Unterhaltung von der Treppe fortsetzte, bis ich beinahe vergessen hatte, wo wir waren und was mich eigentlich so bedrückt hatte. Im nächsten Moment ließ der Mann meine Hand los, ich öffnete die Augen und sah, dass der Nebel sich gelichtet hatte und wir vor dem Ausgang standen.

»Du hast es geschafft!«, sagte der Mann in Weiß, der jetzt klar und sichtbar neben mir stand und von dessen Hand ich mich so lange hatte leiten lassen, dass es sich ungewohnt anfühlte, sie loszulassen.

»Du meinst wohl ›wir‹, oder?«, entgegnete ich, während wir aus der Tür ins Freie traten. »Ohne dich wäre ich noch wer weiß wo in diesem Nebel.«

»Verstehst du immer noch nicht?«, fragte der Mann. »Es ging nie darum, dass du diesen Raum alleine bewältigst. Die Prüfung bestand nicht darin, durch den Nebel zu finden. Das schafft niemand. Es ging darum, im entscheidenden Moment die Kontrolle abgeben zu können. Ich weiß, dass das die schwerste Prüfung von allen ist. Denn es ist nicht einfach, loszulassen und blind zu vertrauen. Diese Entscheidung zu treffen, kostet viel Überwindung.«

Ich war wieder einmal sprachlos. Der Mann hielt mir einen Umschlag hin.

»Hier ist dein letzter Brief. Lass uns zum Thronsaal gehen«, sagte er.

An den Thronsaal hatte ich schon gar nicht mehr gedacht, und als wir ihn erreichten, war er erneut ganz anders, als ich erwartet hatte.

Auf einer Hügelkuppe war ein kleiner Monopteros errichtet, dessen weiße Säulen eine von Grünspan türkis gefärbte Kupferkuppel trugen. Zwischen ihnen waren in regelmäßigen Abständen hüfthohe Mauern eingesetzt, an dessen Innenseiten Steinbänke eingelassen waren. Ich setzte mich auf eine der Bänke und genoss die Aussicht, denn der Hügel bot einen guten Blick auf die Umgebung. Allein die Tatsache, nach all den Gebäuden in einem offenen Raum zu sitzen, war eine Wohltat. Nach einer Weile holte ich den Brief heraus und las ihn.

Es war ein Liebesbrief. Jemand hatte mit den schönsten Worten, welche die menschliche Sprache hervorbringen kann, seine unendliche, leidenschaftliche Liebe für mich in diese Zeilen gegossen. Wie Zucker sich in heißem Tee auflöst, gingen die Worte direkt in mein Herz und wärmten es mit Freude und Dankbarkeit. Für diesen Moment war ich glücklich.

DAS FARBENSPIEL SPIEGELTE SICH AUF DER REGUNGSLOSEN WASSEROBERFLÄCHE, BIS SICH MIT EINEM MAL DIE SONNE ÜBER DEN HORIZONT SCHOB UND DER SEE IN MILLIONEN GOLDENEN FUNKEN EXPLODIERTE.

— DER —
TRÄNENSEE

TAG 11

Ich kann mir nicht helfen. Manchmal frage ich mich, wie oft ich an denselben Punkt kommen muss, ehe sich etwas ändert. Bei Weitem läuft mein Leben nicht so, wie ich es mir vorstelle, trotz aller Fortschritte, die ich mache. Ich bin noch weit entfernt sowohl von dem Ziel, das ich mir selbst gesteckt habe, als auch von der Person, die Gott sich wohl vorgestellt hat, als er mich schuf.

Und so ging ich an diesem Tag langsam und mit gesenktem Kopf die Treppe hoch. Als ich oben ankam, war der Thronsaal nicht zu sehen. Auch mein Begleiter, der Mann in Weiß, war nicht da. Der große Platz am Gipfel des Berges war leer und verlassen, und so legte ich mich einfach ins Gras und starrte in den Himmel. Meine Trauer übermannte mich und trieb mir Tränen in die Augen, die langsam meine Wangen hinabliefen und im Gras versickerten. Meine rechte Hand tat weh, wie sie es immer tut, wenn die Traurigkeit in mir im Begriff ist, meine ganze Welt auszufüllen.

Der Mann in Weiß lag mit einem Mal neben mir im Gras. Wortlos nahm er meine Hand und begann, sie behutsam zu

TAG 11 DER TRÄNENSEE

massieren. Der Schmerz ließ ein wenig nach, doch die Traurigkeit in meinem Herzen blieb unverändert. Wir sprachen nicht und taten nichts, außer den Wolken nachzusehen, bis es Abend wurde und die ersten Sterne am Himmel erschienen. Da stand der Mann auf, half mir auf die Beine und nahm mich mit auf einen Weg, der zu einem Wald führte. Nach einiger Zeit hörte ich ein leises Rauschen zwischen den Bäumen, das langsam und stetig lauter wurde. Wir kamen an einen kleinen Wasserfall, dessen dunkler Strom im aufgegangenen Mondlicht glitzerte. Trotz der Dunkelheit war mir, als könnte ich wie in Zeitlupe jeden einzelnen Tropfen erkennen, der in seinem ganz individuellen, leuchtend dunklen Schwarz die Steine herabsprang. Wenn man bestimmte Dinge als schön und gleichzeitig zutiefst traurig bezeichnen kann, war dieser Anblick einer davon.

»Es sind Tränen«, sagte der Mann.

»Wie bitte?«

»Das hier ist der Wasserfall deiner Tränen«, sagte er nachdenklich. »Jede Träne, die du in deinem Leben geweint hast, fließt über diesen Felsen.«

Ich wusste ja, dass ich nah am Wasser gebaut war, doch diese Eröffnung machte mich nun doch sprachlos. Hier war ein sichtbares Zeugnis für das Leid, die Enttäuschung und Trauer, die mich in meinem Leben so oft zum Weinen gebracht hatten.

Der Mann nahm mich wieder an die Hand und führte mich den Bach entlang, der vom Wasserfall in den Wald hineinfloss. Bald schon verschwand er zwischen den Felsen und lief lange Zeit unterirdisch weiter, ehe er einige Kilometer weiter wieder aus dem Boden sprudelte und sich in einem schmalen Bett durch die Bäume schlängelte. An seinen Ufern sprossen Moose und Farne, junge Bäume und selbst ein paar Waldblumen, deren Blüten gerade friedlich schliefen.

»Deine Tränen sind das Wasser, das diese Pflanzen zum Überleben brauchen«, sagte der Mann.

»Aber«, wollte ich wissen, »wieso läuft es dann so lange unterirdisch zwischen Felsen hindurch?«

»Im Gestein wird das Wasser gereinigt«, antwortete der Mann. »All die Bitterkeit, Eifersucht und Wut, all der Frust und die Enttäuschung, die in deinen Tränen enthalten sind, müssen erst herausgewaschen werden, ehe das Wasser Leben spenden kann. Ansonsten sind sie Gift für die Pflanzen hier. Nur wenn eine Träne gereinigt ist, wird sie zu etwas Gutem, das Leben spenden kann.«

Wir gingen weiter. Mir gefiel der Vergleich. Schon oft hatte ich erleben dürfen, dass das Leid, das ich erfahren hatte, mir half, andere Menschen in leidvollen Situationen besser zu verstehen und ihnen Hilfe anbieten zu können.

Wir ließen den Wald hinter uns und gelangten in eine offene Landschaft. Der Bach wand sich leise gurgelnd durch die Wiesen, ehe er schließlich in einen kleinen See mündete. Andere Bäche speisten ebenfalls den See, dessen Oberfläche matt im Dunkeln lag. Wolken hatten sich vor den Mond geschoben und nahmen ihm die Faszination, welche das silberne Licht dem funkelnden Wasserfall noch gegeben hatte.

»Wofür ist der See gut?«, fragte ich den Mann, nachdem wir uns an eine Kiesbank gesetzt hatten. »Ich sehe nicht viele Pflanzen, die am Ufer wachsen. Es kommt mir hier ehrlich gesagt relativ düster vor.«

»Warte«, war alles, was der Mann erwiderte.

Also blieben wir stumm sitzen und sahen zu, wie erst der Mond unterging und sich anschließend der Himmel grau, dann zartrosa und schließlich feuerrot färbte. Das Farbenspiel spiegelte sich auf der regungslosen Wasseroberfläche, bis sich mit einem Mal die Sonne über den Horizont schob und der See in Millionen goldenen Funken explodierte.

»Besser?«, fragte der Mann.

Kurze Zeit später sah ich Leute zum See kommen, um Wasser zu holen oder direkt daraus zu trinken. Es musste erstaunlich klar sein, wenn diese Menschen es derart unbekümmert als Trinkwasser verwendeten. Als die Sonne höherstieg und ihre Strahlen anfingen, die Welt langsam zu wärmen, kamen die ersten Kinder und sprangen ins Wasser. Einige der Erwachsenen taten es ihnen nach und schwammen ein paar Runden. Ich bekam große Lust, es ihnen gleichzutun.

»Wenn Gott erscheint, erstrahlt die Welt in neuem Licht«, sagte der Mann. »Alle Tränen und Traurigkeit werden in Glanz und Herrlichkeit verwandelt.« Die Worte waren eine überraschend genaue Beschreibung der glitzernden Pracht, die der See im morgendlichen Sonnenlicht zur Schau stellte.

»Aber du hast recht«, fügte der Mann hinzu. »Ohne Gott bleibt auch der schönste See matt und farblos. Aber genug der Analogien. Spring erst mal hinein und genieße das Wasser. Ich denke, es dürfte recht angenehm sein.«

Heute verschwendete ich im Gegensatz zu gestern keinen Gedanken daran, dass ich keine Badesachen mitgenommen hatte, und sprang einfach im T-Shirt in den See. Es war herrlich. Das Wasser war so klar, dass ich ohne Probleme den Grund sehen konnte, auf dem sich in tanzenden Flecken das Sonnenlicht brach. Der Gedanke daran, dass ich in einem See aus Tränen schwamm, machte das Ganze nur noch beeindruckender. Durch die Felsen und Steine gefiltert und gesäubert, waren die Tränen hier in ihrer reinsten Form angelangt, um diesen See zu bilden. Als ich nach einer Weile sorglosen Planschens aus dem Wasser stieg, war ich nicht allzu überrascht, dass meine Kleider so trocken waren wie nach meiner Schwimmprüfung am Vortag. Der Mann nahm mich mit zurück zum Wasserfall, der noch immer im Halbdunkel lag. Er war so tief in der Schlucht verborgen, dass die Sonne ihn kaum erreichte.

»Wo Leid und Schmerz sind«, sagte der Mann, »kann nur wenig Licht hinkommen. Erst wenn man die Tränen weiterfließen lässt, können sie von Gott gebraucht werden, um Schönes zu erschaffen. Will man sie jedoch für sich behalten, füllen sie sich immer mehr mit Bitterkeit, Eifersucht, Wut und Enttäuschung, bis sie so giftig sind, dass sie unbrauchbar werden.«

Im Tageslicht fiel mir auf, worauf der Mann in Weiß Bezug nahm. Am Rand des Beckens, in dem sich die Tränen des kleinen Wasserfalls sammelten, wuchs keinerlei Vegetation. Lediglich Geröllbrocken lagen am braunen Ufer.

»Habe ich diese Steine dorthin gelegt?«, fragte ich.

»Ja«, sagte der Mann, »das sind deine Steine. Du wolltest eine Zeit lang deine Tränen für dich behalten. Doch je länger man sich weigert, seine Tränen loszulassen, desto länger dauert es auch, sie zu reinigen. Mit Tränen ist es wie mit jedem Wasser: Solange es fließt, bleibt es sauber. Nur stehende Gewässer können kippen.«

Was er sagte, wurde von der Bitterkeit bestätigt, die ich noch immer in meinem Herzen spürte. Sie zehrte von alten Wunden, die mir in der Vergangenheit zugefügt worden waren. Ich ging zu den Steinen hin, von denen einige den Abfluss zu blockieren versuchten. Ich nahm den größten Felsbrocken, den ich tragen konnte, und entfernte ihn aus der Öffnung. Sogleich sprudelte ein Schwall Wasser über die neu entstandene Lücke und senkte den Wasserstand des Teiches ein wenig.

»Lass uns zum Thronsaal gehen«, sagte der Mann.

Als wir zu dem Platz zurückkamen, den ich am vorigen Tag leer vorgefunden hatte, stand dort zu meiner Überraschung ein gewaltiger Palast. Auf goldenen Türmen und Kuppeldächern spiegelte sich die Morgensonne, Arkaden spendeten Schatten und aus den hohen Fenstern und dem massiven Eingangsportal strömte weißes Licht. Wir traten ein.

Das Innere des Thronsaals stand dem Äußeren in nichts nach. Seine Ausmaße waren riesig. Dutzende Treppen führten durch Rundbögen zu anderen Teilen des Palastes. Prachtvolle Vorhänge und Teppiche hingen an den Wänden und ein Licht, so hell, dass es mich beinahe blendete, wurde von goldenen Kandelabern und farbenfrohen Mosaiken reflektiert, welche den gesamten Saal schmückten. Gleißend weißer Marmor bedeckte den Boden und spiegelte das Licht direkt in meine Augen. Kurioserweise war der Fußboden leer, bis auf eine einzige weiße Matratze, die in der Mitte des Saales lag wie eine Requisite aus einem falschen Film.

Während ich die Matratze betrachtete, wurde mir bewusst, dass ich trotz oder gerade wegen all der Wunder, die ich heute gesehen hatte, noch immer erschöpft war von der Trauer des letzten Tages. Ich zögerte also nicht lange und nahm die Einladung an, welche die Matratze stumm aussprach. Als ich mich rücklings auf das weiche Polster warf, wurde mir auch der Ursprung des blendenden Leuchtens bewusst, das den Raum erfüllte.

Hoch oben an der Decke hing eine große Anzahl an Kronleuchtern, von denen jeder auf einzigartige Weise mit Hunderten von kleinen Glassteinen behangen war, welche miteinander um die Wette funkelten und das Licht der Leuchter in tausend Richtungen reflektierten. Als ich genauer hinsah, konnte ich trotz der Entfernung erkennen, dass es sich bei den

Steinen um Tränen handelte, die wie gefrorene Tropfen in der Luft schwebten, so klar wie gläserne Edelsteine.

»Die reinsten Tränen jedes Menschen werden in diesen Saal gehängt und von Gottes Licht zum Leuchten gebracht. Es sind die Tränen, die durch den größten Schmerz geformt wurden. Sie wurden zu Edelsteinen gepresst, nachdem sie sich in einem langen Prozess des Reinigens, Bearbeitens und Schleifens in das verwandelten, was du hier siehst. Nun strahlen sie heller als jeder Diamant und werden so zu Licht und Freude für andere.«

Dass Gott auf diese Weise mit dem Leid von uns Menschen umging, beeindruckte mich zutiefst. Der Anblick trieb eine Träne in meinen Augenwinkel. Sie verharrte dort für einen Moment, ehe sie über meine Wange kullerte und von der Matratze unter mir aufgesogen wurde.

DRACHENSTEIGEN

TAG 12

»Seid stille und erkennet, dass ich Gott bin.« – Psalm 46, Vers 11.
Seit gestern ging mir dieser Satz nicht mehr aus dem Kopf.
    Erneut war ich von Dunkelheit umgeben und die Treppe war nicht auszumachen. Doch statt Angst fühlte ich heute lediglich Ungeduld. Hatten wir das nicht erst letzte Woche gehabt? Konnten wir diesen Teil nicht überspringen und einfach in den Thronsaal gehen?
    Sei still und erkenne, dass ich Gott bin.
    Ich war ja still. Ich war so still, dass ich schon beinahe wieder einzuschlafen drohte. Stille und Dunkelheit direkt nach dem Aufstehen sind nicht gerade hilfreich, um wach zu bleiben. Der Satz, so hartnäckig er in seiner Aufdringlichkeit auch sein mochte, sagte mir nicht viel. Wie sollte ich denn Gott erkennen, wenn es um mich herum so schwarz war?
    Plötzlich wich die Dunkelheit ein wenig und ich registrierte, dass ich mich auf der Treppe befand. Anscheinend war ich losgelaufen und hatte von alleine den Aufgang gefunden. Ging doch. Als ich jedoch zurücksah, um herauszufinden, wo die schwarze Suppe geblieben war, in der ich eben noch

TAG 12   DRACHENSTEIGEN

herumgestochert hatte, sah ich, dass sie mir dicht auf den Fersen war. Etwas beunruhigt beschleunigte ich meinen Schritt, doch der Nebel begann ebenfalls, schneller zu steigen. Ich fing an zu rennen. Ich wusste, wenn mich der Nebel einholte, würde ich ganz schnell wieder so orientierungslos sein wie zuvor, und da ich den Berg bereits zur Hälfte hochgestiegen war, wäre das zu diesem Zeitpunkt keine gute Idee. Also rannte ich, so schnell ich konnte. Die Schwärze ließ nicht von mir ab, bis ich den Gipfel erreicht hatte. Dort jedoch blieb sie plötzlich an der obersten Treppenkante stehen wie eine Katze, die sich zwar bis zur Hundehütte traut, aber zu viel Angst hat, um tatsächlich hineinzugehen.

Ich stolperte beinahe über den Mann in Weiß, der am Treppenkopf saß und auf mich wartete.

»Schön zu sehen, dass du dich vom Nebel nicht hast einholen lassen«, sagte er.

»Was bedeutet er?«, fragte ich außer Atem. »Was will er von mir?«

»Der dunkle Nebel besteht aus Lügen. Solange er dich umschließt, ist es beinahe unmöglich, den Weg zu Gott zu finden. Sein einziges Ziel ist es, Menschen daran zu hindern, zu Gott zu kommen.«

»Wie kommt man aus diesem Lügennebel heraus?«, fragte ich. »Das Einzige, was mir dort unten durch den Kopf gegangen ist, war der Satz *Seid stille und erkennet, dass ich Gott bin.* Wie kann der mir helfen?«

»Heute ist nicht der Tag, um dir die volle Bedeutung dieses Verses aufzuschlüsseln«, sagte der Mann. »Ich kann dir fürs Erste nur so viel sagen: Heute Morgen warst du müde und wolltest insgeheim, dass Gott den Besuch im Thronsaal etwas kürzer gestaltet, damit du möglichst bald an die Arbeit gehen kannst. Habe ich recht?«

Ertappt!, sagte mein Gesicht. Ich hatte mich während der letzten Tage schon mehr oder weniger daran gewöhnt, dass meine Besuche im Thronsaal nach vorhersehbaren Mustern abliefen. Ich las einen Text aus der Bibel, redete ein wenig mit Gott, schloss meine Augen und begann mit meinem Besuch. Dass es so reibungslos ablief, war für mich bereits selbstverständlich geworden – schließlich hatte ich ja noch andere Dinge zu tun. Dass ich es allein Gottes Gnade zu verdanken hatte, was ich die letzten Tage erlebt hatte, wurde mir nun mit beschämender Deutlichkeit bewusst.

»Gott möchte dir begegnen«, sagte der Mann. »Aber er ist immer noch Gott und die Begegnung wird daher nicht immer nach deinen Vorstellungen ablaufen. Gott ist Gott, nicht du.«

»Entschuldigung«, sagte ich. Ich meinte es ernst.

»Schon vergeben«, entgegnete der Mann.

»Echt? Einfach so?«

»Klar. Gott ist Gott, nicht du«, sagte er und lächelte. »Komm, lass uns die Sache nicht zu Tode reden. Ich will dir etwas zeigen.«

Wir gingen in den Thronsaal, dessen Schönheit wie so häufig vom Licht herrührte, das den Raum ausfüllte. Diesmal stammte es von einem Kronleuchter, in dem sich etwas verfangen hatte. Als ich genauer hinsah, erkannte ich, dass es sich um einen Papierdrachen handelte. Die Schnur hing noch herab und baumelte leicht im Windzug, den wir mit uns in den Saal getragen hatten. Jemand hatte augenscheinlich versucht, einen Drachen im Thronsaal steigen zu lassen, mit vorhersehbarem Ergebnis.

»Wer hat denn den Drachen hierhergebracht?«, fragte ich.

»Ach, das erkläre ich dir später«, sagte der Mann. »Lass mich dir erst noch etwas anderes zeigen.«

Er zog ganz leicht an der Schnur und der Drache löste sich aus seinem gläsernen Gefängnis und taumelte herab. Der Mann hob ihn auf und ging wieder aus dem Gebäude hinaus. Ich folgte ihm über eine große Wiese zum Rand eines Waldes, an welchem eine Anzahl von Leuten mit Drachensteigen beschäftigt war. Da sie viel zu nahe an den Bäumen standen, verfingen sich ihre Drachen jedoch pausenlos in den Zweigen über ihnen.

Mir kam ihr Verhalten äußerst seltsam vor. Sie beschwerten sich noch nicht einmal über die Mühe, die sie sich selbst bereiteten. Hatte diesen Menschen noch niemand erklärt, dass man Drachen auf freiem Feld steigen lässt? Es war ja nicht so, dass das nicht möglich gewesen wäre – das Feld lag schließlich direkt neben ihnen!

»Die Drachen sind die Gaben und Talente dieser Men-

TAG 12 DRACHENSTEIGEN

schen«, sagte der Mann in Weiß, den ich inzwischen eingeholt hatte. »Du siehst es ganz richtig. Sie begrenzen sich selbst, weil sie Angst vor dem freien Feld haben.«

»Aber was macht ihnen denn Angst?«, fragte ich.

»Wieso fragst du die Menschen nicht selbst?«, erwiderte der Mann. »Sie können es dir am besten erklären.«

Also näherte ich mich einem der Männer, der gerade zum wiederholten Mal seinen Drachen in einen Baum gesetzt hatte.

»Entschuldigen Sie«, sagte ich, »aber warum lassen Sie Ihren Drachen nicht auf dem Feld steigen? Da hätten Sie doch viel mehr Platz.«

Der Mann lachte pikiert. »Sie sind wohl neu hier, was? Niemand lässt seinen Drachen da draußen steigen. Viel zu gefährlich. Da kann man ihn nicht mehr kontrollieren. Hier ist es doch viel angenehmer und einfacher.«

Er sprach mit der Überzeugung eines Menschen, für den seine eigenen Worte tatsächlich einen Sinn ergaben. Ich jedoch war noch immer genauso schlau wie zuvor. Wie konnten diese Menschen sich derart einschränken? Hier am Waldrand standen sie sich alle selbst im Weg, ganz zu schweigen von den Bäumen über ihnen, welche die denkbar schlechteste Umgebung für ein solches Unterfangen darstellten.

»Sie denken, weil es noch niemand vor ihnen versucht hat, ist es auch sinnlos, es selbst zu versuchen«, sagte der Mann in Weiß, der sich wieder zu mir gesellt hatte. »Du kannst dir gar nicht vorstellen, wie viele Menschen sich lieber in eingeschränkten Bereichen bewegen, statt sich aufs offene Feld zu trauen. Sie fürchten sich davor, vor allen anderen bloßgestellt zu werden. Derjenige, der etwas Neues versucht und versagt, ist umso größerem Spott ausgeliefert als jener, der bloß dort versagt, wo alle anderen auch versagen.«

»Aber warum sind sie überhaupt im Wald?«, fragte ich.

»Weißt du, der Waldrand war eigentlich nur als Übungsfeld und zum Ausruhen gedacht, weil man dort nicht so leicht die Kontrolle über seinen Drachen verlieren kann und es in seinem Schatten kühl ist. Der Gedanke war, von dort aufs freie Feld zu wechseln. Doch die Leute haben verpasst, den nächsten Schritt zu gehen und den Wald hinter sich zu lassen. Leider passiert das häufiger, als du denkst.«

Mit diesen Worten gab er mir den Drachen, den er aus dem Thronsaal mitgenommen hatte. Als ich das Ding in den Händen hielt, fiel mir ein, dass ich schon seit meiner Kindheit keinen Drachen mehr hatte steigen lassen. Ich hatte völlig vergessen, wie das ging. Offen gestanden hatte ich auf einmal wenig Lust, mich vor all den Leuten zu blamieren, wo ich doch selbst so wenig Ahnung davon hatte. *Erst dumme Fragen stellen, aber es selbst nicht besser machen!* Vielleicht sollte ich es doch lieber lassen? Ich fing den Blick des Mannes auf, der irgendwo zwischen Belustigung und Entrüstung lag.

Oh.

Wir brachen beide in Gelächter aus. So schnell konnte man also von seinem hohen Ross geholt werden. Sich über die Angst der anderen echauffieren und dann –

Ich lief aufs Feld hinaus und versuchte, mich daran zu erinnern, wie das alles funktionierte. Die ersten missglückten Versuche machten mir noch nichts aus, doch als ich meinen Drachen zum zwanzigsten Mal mit der Nase voran in die Wiese rammte, warf ich die blöde Schnur frustriert zu Boden und ließ mich ins Gras plumpsen (die Schnur war daran schuld, dass es nicht klappte, da war ich mir ganz sicher. Oder der Drache. Oder der Wind).

Ein Schatten huschte über mich und ich sah nach oben. Hoch in der Luft flatterte ein rotgelber Drachen über den Himmel. Meine Augen folgten der Leine und entdeckten einen Jungen, der die Fersen ins Gras gegraben hatte und sein Fluggerät in kunstvollen Schleifen und Pirouetten über meinem Kopf tanzen ließ. Zumindest eine Person schien zu wissen, wie es ging.

Beim Gedanken, ihn um Hilfe zu bitten, kam ich mir blöd vor. Ich war die Ältere, ich sollte nicht einen kleinen Jungen um Hilfe bitten müssen. Dann fiel mir allerdings wieder der besorgt-belustigte Blick meines Begleiters von vorhin ein und ich musste über mich selbst lachen. Ich gab mir einen Ruck und ging auf den Jungen zu. Er sah mich kommen und holte behutsam seinen Drachen vom Himmel, ehe er sich mir zuwandte.

»Hallo«, sagte ich. »Du bist ja ganz alleine hier draußen.« Der Junge lächelte mich an. »Warum bist du denn nicht am Wald-

TAG 12 DRACHENSTEIGEN

rand wie die anderen? Hast du keine Angst, die Kontrolle über deinen Drachen zu verlieren?«

»Ich kenne die Leute am Waldrand nicht«, sagte der Junge. »Aber ich verstehe auch nicht, warum sie nicht auf die Idee kommen, hier raus auf die Wiese zu kommen. Hier macht es doch viel mehr Spaß!«

»Wer hat dir denn beigebracht, deinen Drachen so schön steigen zu lassen?«, fragte ich. Der Junge deutete mit dem Finger hinter mich. Noch bevor ich mich umdrehte, ahnte ich, auf wen er zeigte.

»Von den Menschen im Wald konnte mir niemand sagen, wie man einen Drachen steigen lässt. Er war der Einzige. Ich habe trotzdem lange üben müssen, um so gut zu werden«, fügte er mit dem unschuldigen Stolz eines Kindes hinzu.

Warum war ich eigentlich nicht selbst auf die Idee gekommen, den Mann in Weiß um Hilfe zu bitten?

»Kannst du mir zeigen, wie man es macht?«, fragte ich den Jungen.

Er strahlte über das ganze Gesicht. »Klar!«

Augenblicklich machte er sich daran, mich mit fachmännischer Konzentration und professionellem Ernst in die Weihen des Drachensteigens einzuweisen. Er erklärte mir, wie ich die Schnur halten musste, wann ich mehr Schnur lassen und wann ich ziehen musste, wie ich auf den Wind zu reagieren hatte und wie ich den Drachen wieder sanft zurück auf den Erdboden holte. Dann half er mir bei meinem ersten Versuch. Es klappte auf Anhieb. Er hatte es tatsächlich so idiotensicher erklärt, dass selbst ich es verstanden hatte. Anschließend versuchte ich es alleine, und schon bald hüpfte mein Drache verspielt neben dem seinen durch die Luft. In der Gegenwart des Jungen wurde ich selbst ganz Kind und freute mich wie ein kleines Mädchen über meinen Drachen, den ich höher und höher steigen ließ. Ich war so vertieft, dass der Junge bereits über den nächsten Hügel verschwunden war, als ich das nächste Mal nach ihm sah.

Der Mann in Weiß kam zu mir herüber und sah mir eine Weile zu. Von Zeit zu Zeit gab er auf seine unaufdringliche Weise den einen oder anderen hilfreichen Tipp, schien sich ansonsten jedoch einfach an meinem Erfolg zu freuen.

Schließlich holte ich meinen Drachen wieder herunter und wandte mich ihm zu.

»Es tut mir leid, dass ich nicht daran gedacht habe, dich um Hilfe zu bitten«, sagte ich.

»Das ist okay. Viele vergessen, mich um Rat zu fragen. Aber ich hatte damit gerechnet, deshalb habe ich dir den Jungen zur Seite gestellt, damit er dir hilft. Er hatte sein Wissen ja auch von mir, also hast du gewissermaßen zwar nicht direkt um meine Hilfe gebeten, sie aber dennoch erhalten.«

»Du machst das öfter, oder?«, fragte ich.

»Leute in dein Leben stellen, die dir helfen?«, sagte der Mann und schmunzelte. »Eine meiner Lieblingsbeschäftigungen.«

»Danke.«

»Komm«, sagte er, »lass uns zurück zum Thronsaal gehen. Ich schulde dir noch eine Erklärung.«

Als wir wieder im Saal standen, begann der Mann zu sprechen: »Viele Menschen versuchen, ihren Drachen hier drinnen steigen zu lassen, weil sie der Meinung sind, Gott würde sich das so wünschen. Das stimmt zwar auch, aber nur zum Teil. Obwohl dieser Saal eine hohe Decke hat, ist sie doch immer noch eine Begrenzung und schränkt die Flugfähigkeit ein. Manch ein Drache verfängt sich da schon mal im Kronleuchter. Diese Menschen schieben die Schuld dann auf Gott, weil sie der Meinung sind, er sei es, der sie einschränken wolle. Dabei haben sie nur nicht genug trainiert. Auf dem freien Feld üben sie ihre Grundfähigkeiten, aber nur hier drinnen, durch die Begrenzungen, zeigt sich, ob sie sich auch unter schwierigen Bedingungen bewähren können. Wenn sie diese Herausforderung angenommen und gemeistert haben, schenkt Gott neuen Raum, damit sie sich weiterentwickeln können. Probier es doch selbst einmal«, forderte der Mann mich auf.

»Wie bitte?«, fragte ich.

»Lass deinen Drachen hier drinnen steigen. Der Junge hat dir ja gezeigt, wie es geht.«

»Aber hier weht nicht einmal Wind«, meinte ich.

Der Mann sah mich bloß an.

»Schon gut, schon gut«, sagte ich. Ich nahm den Drachen und warf ihn vorsichtig in die Luft. Auf geheimnisvolle Weise kam tatsächlich ein kräftiger Wind auf und trug ihn nach oben. Ich ließ dem Drachen nach und nach mehr Schnur, bis er beinahe unter die Decke gestiegen war. Doch gleich darauf erwischte ihn eine ungünstige Böe, und da ich kaum Platz zum Manövrieren hatte, hing mein Drache im nächsten Moment im Kronleuchter.

»Sag ich doch!«, schnaubte ich. »Es ist halt eine dumme Idee, hier drinnen einen Drachen steigen zu lassen! Wo soll man ihn denn auch fliegen lassen? Man ist ja mit nichts anderem beschäftigt, als zu verhindern, dass er an irgendwelche Ecken oder Gegenstände stößt und abstürzt.«

»Wer seinen Drachen unter Kontrolle hat, kann ihn selbst hier steigen lassen«, antwortete der Mann ungerührt. »Der Trick liegt darin, ihn in die Leere zu führen. Dieser Raum ist die wahre Herausforderung für den Drachenläufer. Denn wer seinen Drachen nicht kennt, kann ihn nicht kontrollieren, und der Drache wird am Ende immer tun, was er will.«

So wütend mich seine Aussage auch machte, musste ich doch einsehen, dass er recht hatte. Nicht der Raum war das Problem, sondern meine Fähigkeit, meinen Drachen zu lenken.

»Versuch es noch einmal«, sagte der Mann.

Ich ließ den Drachen erneut steigen und versuchte, mich an alle Handbewegungen zu erinnern, die der Junge und der Mann mir beigebracht hatten, um den Drachen zu lenken. Immer wieder geriet ich an eine Kante oder ließ den Drachen zu hoch steigen, sodass er gegen die Decke stieß und abstürzte, doch mit jedem Versuch wurde ich besser. Bald schaffte ich es, kurz vor einem Hindernis eine Drehung zu vollführen und den Drachen zurück in die leeren Räume des Saals fliegen zu lassen.

Als ich schließlich in der Lage war, meinen Drachen mehrere Minuten lang im Griff zu behalten, indem ich jeden Windhauch zu meinem Vorteil nutzte, öffnete sich mit einem Mal die Decke und der endlose Himmel erstreckte sich über uns. Frei von jeder Begrenzung konnte ich meinen Drachen so hoch steigen lassen, wie ich wollte. Ich sah freudestrahlend zum Mann in Weiß, der neben mir stand, ein Lächeln auf den Lippen.

»Gottes Begrenzungen sind lediglich dafür da, dich für den Zeitpunkt vorzubereiten, an dem er alle Schranken aufheben und dich in die Grenzenlosigkeit entlassen kann«, sagte er.

Mein Drache war zu diesem Zeitpunkt bereits so hoch gestiegen, dass er nur noch ein kleiner bunter Fleck gegen den strahlend blauen Himmel war.

EIN STAUSEE

aus Erwartungen und Vergleichen aus Druck und
Unruhe löste sich auf und floss zum Meer, wo er sich
in der Liebe desjenigen verlor, der vor mir saß.

DAS ABENDMAHL

TAG 13

Ich lief und lief. Weder wusste ich wirklich, wohin ich ging, noch woher ich kam und noch nicht einmal, warum ich eigentlich unterwegs war. Eine Pause zu machen, schien mir nicht notwendig zu sein, denn ich lief in einem gemütlichen Trott, der nicht zu anstrengend und nicht zu langsam war. Also behielt ich mein Tempo bei, während Wiesen und Wälder, Menschen und Wege in stetigem Strom an mir vorbeizogen. Manch einen sah ich, der sich für eine Pause an den Wegrand gesetzt hatte, doch ich ließ mich nicht aus meinem Rhythmus bringen, sodass ich die Person nicht wirklich betrachten konnte. Sie verschwamm irgendwann mit der restlichen Umgebung, welche ich immer weniger wahrnahm. Ich lief einfach weiter. Gleichzeitig sah ich immer neue Leute vor mir, die ich einzuholen versuchte. Es durfte nicht sein, dass jemand schneller als ich war.

Als ich den Mann in Weiß am Wegrand stehen sah, hatte ich für einen Moment den Impuls, stehen zu bleiben, doch ich stellte fest, dass ich mein Tempo nicht mehr reduzieren wollte. Mehrere Male sah ich ihn. Er lächelte und winkte mir zu, doch ich war wie ferngesteuert und ließ ihn stehen. Auch

TAG 13 DAS ABENDMAHL

die Treppe sah ich immer wieder. Nur wenige Schritte von mir entfernt führte sie zum Thronsaal. Es war nicht so, als hätte ich sie nicht hochgehen wollen, aber ich hatte einfach keine Zeit; ich musste weiter. In gewisser Weise spürte ich zwar, dass es mich nervös machte, Gott so eindeutig die kalte Schulter zu zeigen, aber ich machte gerade so gut Boden wett – wer wusste, wie viel Zeit es mich kosten würde, wieder diesen Zustand des mühelosen Laufens zu erreichen, wenn ich jetzt stehen blieb? Kaum hatte ich jedoch diese Gedanken gedacht, vergaß ich sie auch schon wieder.

Je länger ich lief, desto weniger Menschen sah ich. Bald war ich alleine auf meinem Weg, von welchem ich immer noch nicht wusste, wohin er führte. Daran, eine Pause zu machen, dachte ich auch jetzt noch nicht. Für kurze Augenblicke beunruhigte mich, wie sich diese Geschichte entwickelte, doch so schnell das Gefühl aufkam, so schnell vergaß ich im nächsten Moment alles und lief ungebremst weiter.

Dann sah ich, wie mein Weg in einiger Entfernung einfach aufhörte, als hätte ich den Horizont erreicht. Ich kam näher und erkannte eine Schlucht, die meinem Lauf ein jähes Ende bereitete. Meine Beine trugen mich dichter an den Abgrund heran, welcher sich nach links und rechts erstreckte, so weit mein Auge reichte. Ich konnte keine Alternative erkennen, um auszuweichen, deshalb lief ich beständig weiter auf die Klippe zu. Erst im allerletzten Moment brachte ich meine Füße unter Mühen zum Stehen und dann kam es ihnen so ungewohnt vor, nicht zu gehen, dass sie im Stand weiterliefen.

Mir gefiel diese Schlucht überhaupt nicht. Wie war die dahin gekommen? Ich konnte doch sehen, dass mein Weg auf der anderen Seite an der exakt selben Stelle weiterführte, an der er auf meiner Seite aufhörte! Doch der Abgrund war unüberwindbar.

Es war so unnötig. Ich hatte bis gerade eben eine ordentliche Geschwindigkeit an den Tag gelegt, ich war nicht müde und hatte wirklich keine Lust, hier wertvolle Zeit zu verlieren. Ich lief die Schlucht in beide Richtungen auf der Suche nach einem Abstieg oder einer Überquerung ab, doch keine Lösung war in Sicht. Eine Umgehung würde mich wohl Tage, Wochen, wenn nicht Monate kosten. Mit einer gehörigen Portion Ärger in der Stimme sagte ich Gott, was ich von der Sache hielt und dass er doch bitte so freundlich sein und mir über diese blöde Schlucht helfen solle.

In einiger Entfernung tauchte die Treppe über der Schlucht auf, die für gewöhnlich zu Gottes Thronsaal aufstieg. Diesmal jedoch konnte ich nicht erkennen, wohin sie führte, da sie schon nach kurzer Zeit in dichten Wolken verschwand. Auf der anderen Seite der Schlucht sah ich eine weitere Treppe aus den Wolken herabkommen. War das mein Übergang? Ich wollte es versuchen. Während ich die Stufen hochstieg, hoffte ich insgeheim, dass sie mich heute nicht zu Gott bringen würden. Ich hatte einfach keine Zeit dafür. Ich wollte weiter.

Sobald ich die Wolkengrenze überquert hatte, spürte ich, wie mein Gang ohne mein Zutun nach und nach langsamer wurde. Ich verstand nicht. Mein Plan sah vor, so schnell es ging den höchsten Punkt der Treppe zu erreichen und auf der anderen Seite wieder abzusteigen. War das hier einer von Gottes Tricks? Je mehr Mühe ich mir gab, mein Tempo beizubehalten, umso langsamer wurde ich.

Ha!, lachte ich Gott bitter an. *Merkst du nicht, wie du dir selbst ein Bein stellst? Wenn du willst, dass ich zu dir komme, warum hilfst du mir dann nicht einfach die Treppe hoch?* Doch auch meine Häme änderte nichts daran, dass ich scheinbar die ganze doofe Treppe hochzulaufen hatte. Ich sah mich um. Es wurde dunkel. In den Wolken hatte ich den Sonnenuntergang nicht mitbekommen, doch als ich jetzt die letzten Treppenstufen erklomm, durchbrach ich die Wolkendecke und der klare Himmel über mir war bereits schwarz und sternenübersät. Eine schmale Mondsichel hing entspannt im Osten.

Am höchsten Punkt stand der Mann in Weiß. Sobald er mich sah, warf er mir einen freudigen Blick zu, als hätte er seit Tagen hier auf mich gewartet. Na toll. Natürlich war ich jetzt diejenige, die sich schlecht fühlte, wo ich doch gerade noch sehr überzeugt der Meinung gewesen war, dass Gott derjenige zu sein hatte, der sich schlecht fühlen sollte. Es hatte dem Mann ja keiner gesagt, dass er hier auf mich warten sollte. Selbst schuld!

Er streckte mir die Hand entgegen und half mir die letzten Stufen hoch. Als ich seine Hand nahm, fuhr für einen Augenblick ein Gefühl durch mich, als wäre ich im Schneesturm einer eisigen Winternacht durch die Tür meines Zuhauses getreten, wo im Wohnzimmer ein wohliges Feuer prasselte. Im nächsten Moment war das Gefühl wieder verschwunden und ich sagte zum Mann, dass es mir leid täte, ich wirklich gern bleiben würde, jedoch leider weiter müsse.

»Ich weiß«, sagte er. »Lass mich dir nur kurz etwas zeigen. Danach kannst du weitergehen, wenn du willst.«

Widerwillig folgte ich ihm zu einem runden Gebäude, dessen Äußeres im Dunkeln nur schwer abzuschätzen war. Allein den Mann in Weiß konnte ich klar vor mir erkennen. Er trat durch die Eingangstür, ich aber blieb mit einem Mal überwältigt im Türrahmen stehen.

Was ich vor mir sah, war mit Worten so schwer zu beschreiben, dass ich nicht einmal sagen konnte, ob ich mich wirklich in einem Gebäude befand. Die Wände bestanden teils aus Mauern, teils aus Pflanzen, jedoch nicht wie bei einer Ruine, dessen verfallenes Mauerwerk von der Natur zurückerobert worden war. Es war eher eine vollauf beabsichtigte Konstruktion aus Steinen, Blättern und Ranken. Wo keine Pflanzen wuchsen, hingen Gemälde, welche sich in stetigem Wandel befanden, als würden unsichtbare Künstler sie unaufhörlich übermalen und neu gestalten. Von den Wänden tropfte und floss Wasser in dünnen, kreisenden Bahnen, doch ich konnte nicht erkennen, wohin es floss, denn der Boden war trocken, obwohl ich nirgendwo einen Abfluss sehen konnte. Von der Decke hingen Gebilde, die ich zuerst für Kronleuchter hielt, welche sich jedoch bei genauerer Betrachtung als geordnete Ansammlungen von Kristallfäden herausstellten, durch die flüssiges Licht – oder leuchtendes Wasser? – zu fließen schien. Tropfen lösten sich vom unteren Ende der Fäden und fielen herab, ehe sie sich mit einem kurzen Gleißen in Luft auflösten, noch ehe sie den Boden erreichten.

Ich hätte stundenlang dort stehen und nichts anderes tun können, als das Wunder dieses Raumes zu bestaunen, doch noch bevor sich der Gedanke in meinem Kopf festgesetzt hatte, verschwand der Raum und wir befanden uns wieder im grauen, ursprünglichen Thronsaal. Die Pflanzen, die Gemälde, das Wasser, die Kristallfäden und das flüssige Licht – alles war verschwunden und durch Steinwände, zwei Holzstühle und einen kleinen Tisch ersetzt worden, auf dem eine weiße Kerze das einzige Licht spendete, welches den Raum mit sanftem Schein erhellte.

»Möchtest du noch eine Weile bleiben?«, fragte der Mann, der sich auf einen der Stühle gesetzt hatte. »Ich meine, wenn du weitermusst –«

»Nein, schon okay«, antwortete ich und setzte mich zu ihm an den Tisch. Draußen war tiefe Nacht, daher war es sowieso sinnlos, heute noch weiterzugehen. Außerdem stand es meinem Gastgeber ins Gesicht geschrieben, wie sehr er sich darauf freute, Zeit mit mir zu verbringen. Er öffnete eine Flasche Wein und schenkte zwei Gläser ein. Ich hielt einen Moment inne und starrte den Mann an.

»Was ist?«, fragte er.

»Nichts«, sagte ich und schwenkte mein Weinglas.

»Du hattest nicht damit gerechnet, in Gottes Thronsaal einmal Alkohol zu trinken, ist es das?«, fragte der Mann.

Ich zuckte mit den Schultern und er schüttelte lachend den Kopf. Wir stießen an. Der Wein entfaltete bereits nach dem ersten Schluck seine beruhigende Wirkung und ich begann, über mein kurioses Verhalten heute nachzudenken. Wo hatte ich eigentlich so schnell hingewollt, dass ich keine Zeit für irgendetwas anderes gehabt hatte? Die Fragen, die ich während des Laufens immer wieder vergessen hatte, sobald sie in meinen Kopf gekommen waren, kehrten nun mit Entschlossenheit zurück. Wieso hatte ich keine Pause machen können? Hatte ich es wirklich nicht gewollt oder hatte ich mir vielleicht einfach nicht eingestanden, dass ich doch eine gebraucht hätte? War ich nicht insgeheim neidisch auf die Menschen am Wegrand gewesen, die sich eine Rast erlauben konnten, während ich gleichzeitig die ganze Zeit zu jenen aufzuschließen versucht hatte, von denen ich befürchtete, dass sie schneller waren als ich?

Der Mann nahm ein großes Stück Brot und teilte es in zwei Hälften. Erst als er mir eine Hälfte anbot, wurde mir klar, dass wir hier gerade gemeinsam Abendmahl feierten. Ich sah ihn an. In seinen Augen konnte ich jene unendliche Liebe und jenen unsäglichen Schmerz sehen, welche Jesus am Kreuz in sich vereint hatte, als er sein Leben für uns gegeben hatte. Und

TAG 13 DAS ABENDMAHL

hier saß der Mann und brach mit mir das Brot – mir, die ich nicht die Zeit gehabt hatte, auf seine Einladungen einzugehen. Wie in aller Welt also sollte ich dieses Brot annehmen können? Doch der Mann in Weiß legte es mir in die Hand und schloss meine Finger darum.

»Bitte, iss«, sagte er.

Mit gesenktem Blick schob ich mir das Stück Brot in den Mund. Mit jedem Bissen bekam der Staudamm in meinem Herzen Risse, und als ich das letzte Stück herunterschluckte, brach er und entließ die angesammelten Wassermassen in ihre Freiheit. Ein Stausee aus Erwartungen und Vergleichen, aus Druck und Unruhe löste sich auf und floss zum Meer, wo er sich in der Liebe desjenigen verlor, der vor mir saß. Hier wollte ich sein. Bei ihm. Das war mein eigentliches Ziel, auf das ich zugehen wollte. Jeder andere Weg machte keinen Sinn. Ich sah die Schlucht noch einmal vor mir, und jetzt konnte ich erkennen, dass sie ein Geschenk gewesen war, um mich auf meinem ziellosen Weg zu stoppen, bevor mich die Erschöpfung, die ich nicht einmal wahrgenommen hatte, früher oder später hätte zusammenbrechen lassen.

Ich sah wieder zum Fenster hinaus ins Dunkel der Nacht. Es blieb eine Restunsicherheit. Der Tag war vorbei. Hatte ich alles geschafft, was ich zu schaffen gehabt hatte?

»Deine Zeitrechnung ist nicht dieselbe wie die von Gott«, sagte der Mann. »Überlasse den Tag und seine Stunden ihm. Schau genau hin.«

Erst jetzt fiel mir auf, dass der dünne Mond, den ich beim Erreichen des Gipfels im Osten stehen gesehen hatte, sich nicht von der Stelle bewegt hatte. Wie viele Stunden war das nun her? Rein rechnerisch hätte die Sonne inzwischen schon lange wieder aufgehen müssen. Das Gefühl, die Zeit würde in der Gegenwart des Mannes stillstehen, hatte ich schon öfter gehabt. Doch nie hatte ich daran gedacht, dass sie tatsächlich stehen bleiben könnte.

»Mach dir keine Sorgen«, sagte der Mann. »Wir haben keine Eile.«

Und so verbrachten wir die ganze Nacht im Thronsaal und genossen die gemeinsame Zeit, ehe sich die Sonne langsam über den Horizont wälzte.

sein

SEIN

TAG 14

Eine weitere Woche neigte sich ihrem langersehnten Ende zu. Ich war froh, die Treppe heute nur von oben sehen zu müssen. Ich hatte den Aufstieg anscheinend übersprungen. Mein Alltag zehrte an mir und leerte meine Energiereserven so zuverlässig wie die Fernbedienung ihre Batterien, welche ich ebenfalls jede Woche auszuwechseln schien.

Der Mann in Weiß begrüßte mich herzlich und nahm mich mit in einen großen, festlich geschmückten Saal. Es war Sonntag und die Menschen feierten. Die Musik war laut, die Stimmung war ausgelassen und jeder hatte offensichtlich eine tolle Zeit. Ich jedoch blieb überfordert am Eingang stehen. Normalerweise wäre ich froh gewesen, zu einem Fest wie diesem eingeladen worden zu sein. Doch ich hatte mir insgeheim erhofft, den Tag heute ein wenig ruhiger verbringen zu können. Für einen introvertierten Menschen wie mich war eine Menschenmenge wie diese unter solchen Umständen die größte Herausforderung.

Der Mann sah mich an, und ohne ein weiteres Wort führte er mich an den Gästen vorbei in ein Nebenzimmer, das bis auf einen Tisch und zwei Stühle leer war. Alles war für ein Abendessen für zwei Personen hergerichtet, inklusive brennender Kerzen auf dem Tisch. So sehr ich aber den Gedanken an ein Dinner mit Gott auch schätzte, musste ich mir mit beinahe schlechtem Gewissen eingestehen, dass auch das ein wenig zu viel für mich war. Ein Abendessen bedeutete intensive Gemeinschaft, angeregte Gespräche, tiefgehende Diskussionen – alles Dinge, die mich gerade mehr Kraft kosteten, als sie mir gaben.

Wieder las mein Begleiter schweigend meine Gedanken und führte mich weiter. Wir traten aus dem Gebäude heraus in einen Garten. Es war ein englischer Garten, in dem man die Natur frei wachsen ließ und lediglich subtil einer gewissen Ordnung unterwarf. Wir liefen, bis das Gebäude hinter uns in den Bäumen verschwand und sich eine kleine Lichtung vor uns öffnete. Zwei große Sofas standen im Gras, als hätten sie sich auf dem Weg zum Wohnzimmer verlaufen, und hatten einen kleinen Gartentisch mit Essen und Getränken mitgebracht.

So surreal die Sofas auf dem Rasen auch sein mochten, hätte ich mir keinen besseren Ort vorstellen können, wo ich diesen Sonntag verbringen wollte. Meine Lungen sogen die frische Luft auf wie ein ausgetrockneter Acker den ersten Herbstregen nach einem langen, heißen Sommer. Das Zwitschern der Vögel und das sanfte Rauschen des Windes in den Ästen über mir waren das Einzige, das auf angenehme Weise die vollkommene Ruhe durchbrach. Ich legte mich auf eines der Sofas.

Mir fiel auf, dass der Mann und ich noch kein Wort gesprochen hatten, was mich doch ein wenig beunruhigte. Nicht, dass ich hier am Ende wertvolle Zeit verplemperte, die eigentlich für das vorgesehen war, was ich heute zu lernen hatte. Doch als ich nach dem Mann in Weiß sah, hatte der es sich auf dem zweiten Sofa gemütlich gemacht und die Beine übereinandergeschlagen. Also tat ich es ihm nach, verschränkte die Hände hinter meinem Kopf, genoss den zärtlichen Tanz des Windes auf dem Blättermeer der Baumkronen über mir und ließ meine Augen und Gedanken schweifen.

Nach einer Weile begannen die verschlungenen Wege, die von der Lichtung in verschiedene Richtungen in den Garten hineinführten, meine Neugier zu wecken. Ohne dass ich etwas sagen musste, stand der Mann gemeinsam mit mir auf und wir machten uns auf den Weg, die Geheimnisse des Gartens zu erkunden. Meine Schuhe ließ ich zurück, denn der Boden war warm und die Wege waren mit weichem Gras überwachsen. Nach und nach kamen auch meine Gedanken zur Ruhe und ich freundete mich mit der Vorstellung an, heute einmal gar nichts sagen und denken zu müssen, was ich nicht sagen oder denken wollte.

»Heute«, sagte der Mann, der wie so oft wusste, was in mir vorging, »ist der Tag der Ruhe. Heute musst du nichts anderes tun, als einfach zu sein. Es ist dein Tag. Verbringe ihn ganz, wie du willst.«

Keine Lektionen.
Keine To-do's.
Keine Erkenntnisse.

Der Gedanke tat mir unendlich gut. Wir fingen an zu lachen. Nicht weil etwas Komisches oder Lustiges passiert war, sondern einfach, weil es guttat zu lachen.

Nach einer Weile führte uns der Weg zurück zur Lichtung, auf der sich in der Zwischenzeit einige meiner Freunde eingefunden hatten. Auch sie lachten, unterhielten sich unaufgeregt und schienen so wie ich wenig mehr zu tun, als diesen Tag einfach zu genießen. Ich spürte, dass ich mich so weit entspannt hatte, dass die Gegenwart anderer mich nun nicht mehr anstrengte. Während wir auf die Lichtung traten, freute ich mich auf die Zeit mit diesen Menschen, die mir wichtig waren. Bevor ich jedoch den Ersten von ihnen begrüßte, drehte ich mich noch einmal zum Mann in Weiß um.

»Danke«, sagte ich.

»Nimm dir Zeit, wenn du sie brauchst, um wieder zu Kräften zu kommen«, sagte er. »Zeit, in der du nichts anderes tust, als zu sein. Die Begegnungen mit den Menschen in deinem Leben sind es wert – nicht nur sie werden es schätzen, wenn du auf dich selbst achtgibst.«

Er hatte aufgehört zu reden, doch ich entnahm noch etwas seinem Blick, auch wenn er es nicht sagte.

Gut gemacht.

Ich spürte, dass er stolz darauf war, dass ich heute ehrlich zu mir gewesen war und meine Bedürfnisse ernst genommen

TAG 14 SEIN

hatte. Jede der Formen, die er mir heute gezeigt hatte, um diesen Sonntag zu Gottes Ehre zu verbringen, war so gut gewesen wie die andere. Ob mit einem Fest die Größe Gottes zu feiern, bei einem privaten Abendessen mit Gott alleine zu sein oder diesen Garten zu nutzen, um zur Ruhe zu kommen – das alles waren Wege, um Gemeinschaft mit Gott zu haben.

Ich hatte für heute das Sein gewählt.

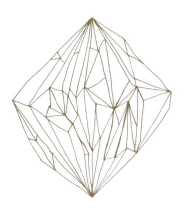

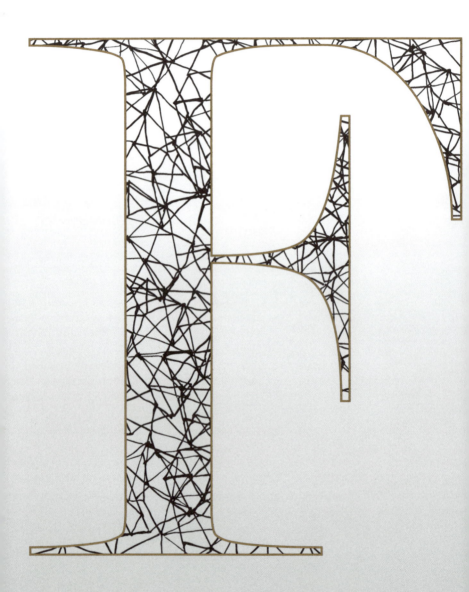

FESSELN

TAG 15

Ein weiterer Tag, der in Dunkelheit begann. In letzter Zeit hatte sie sich von mir ferngehalten, doch dafür umschloss sie mich heute umso fester, als hätte sie Finger, die nach mir griffen. Ich ließ mich nicht beirren und kämpfte mich durch die Schwärze, bis ich die Treppe erreichte. Sobald meine Füße jedoch die erste Stufe betraten, hielt mich etwas Neues auf.

Jemand griff nach meinen Knöcheln. Hatte die Dunkelheit etwa *tatsächlich* Hände bekommen, mit denen sie mich an den Füßen zu packen versuchte? Als ich an mir hinabsah, hatte ich die Dunkelheit jedoch hinter mir gelassen. Stattdessen lagen schwarze Eisenfesseln um meine Füße. Und an den Fesseln waren Ketten befestigt, an deren Enden schwere Kugeln hingen, als wäre ich ein Schwerverbrecher. Jeder Schritt war mit einem Mal um ein Zehnfaches schwerer geworden und ich kam kaum voran. Mit der Zeit bekam ich das Gefühl, die Gewichte würden zunehmen, und wirklich sah ich bei einem Blick über die Schulter weitere Kugeln, die sich an die Ketten geheftet hatten. Bald war ich kaum noch in der Lage, einen Fuß vor den anderen zu setzen, als mir schließlich der Mann in Weiß entgegen-

TAG 15 FESSELN

kam und nach oben half. Schwitzend und ächzend erreichten wir das Ende der Treppe.

Ich hatte gehofft, dass mich die Ketten hier oben in Ruhe lassen würden, doch sie hingen noch immer an mir – hinderten mich am Gehen, ließen mich stolpern und hinfallen. Ich hatte das Gefühl, die Gewichte würden mich zurück in den Abgrund ziehen wollen. Mit jedem Meter, den ich vorwärtskroch, mich aufrappelte und wieder hinfiel, wurde es schwerer, gegen die Last an meinen Füßen anzukämpfen.

»Gott«, keuchte ich, »ich brauche ein wenig Hilfe hier!«

Meine Muskeln schienen noch einmal all ihre Kraft zu sammeln, und so schaffte ich es durch die Tür und in den Thronsaal hinein. Die Tür fiel hinter mir zu und mit einem lauten Knirschen wurden die Ketten an meinen Fesseln abgeschnitten. Ich konnte wieder gehen, aber meine Füße waren noch immer zusammengekettet.

Ich musste diese Dinger loswerden, so viel war klar. Eben noch hatten sie mich immerhin beinahe zurück in den Abgrund gezogen. Außerdem war ich mir sicher, dass sich neue Gewichte an sie hängen würden, solange die Fesseln an meinen Füßen klebten.

Ich sah mir die schwarzen Ringe genauer an. Sie waren so eng um meine Knöchel geschnallt, dass ich nicht einmal mit meinem kleinen Finger dazwischenkam. Im Thronsaal konnte ich nichts finden, was mir irgendwie dabei geholfen hätte, die Fesseln aufzubrechen.

Ich betete.

Bis auf ein kleines Holzkreuz an der Wand blieb der Saal leer. Doch dieses Kreuz schien mir sagen zu wollen, an wen ich mich wenden musste: Jesus. Gottes Sohn, der gekommen war, unsere Ketten zu sprengen und uns von unseren Fesseln zu befreien. Wortwörtlich, wie es schien.

Ich erinnerte mich an das gewaltige Holzkreuz, das ich auf dem Gipfel des Berges gesehen hatte. Und ich wusste, dass dort, an jenem Ort, an welchem mir Gott seine Allmacht und Größe gezeigt hatte, auch meine Fesseln gesprengt werden würden.

Ich machte mich auf den Weg dorthin.

Der Aufstieg war mit dem letzten Mal nicht zu vergleichen. Die Fesseln schränkten meine Bewegungsfreiheit stark ein und scheuerten an meinen Knöcheln. Zusätzlich hängten sich wie erwartet nach einiger Zeit wieder mehr und mehr Gewichte an die Ketten. Unwille kam in mir hoch. Wofür standen diese Fesseln überhaupt? Was bedeuteten sie? Niemand hatte mir bisher erklärt, gegen was genau ich hier eigentlich kämpfte. Ich schaffte es auch nicht, mir selbst einen Reim darauf zu machen, denn die Ketten zerrten derart an mir, dass ich all meine Energie aufbringen musste, um vorwärtszukommen. Von all der Anstrengung, die mir das Gewicht an meinen Füßen abverlangte, konnte ich mich kaum noch konzentrieren.

Schließlich wurde die Last so schwer, dass ich hinfiel. Mir wurden buchstäblich die Füße unter meinem Körper weggerissen und die Ketten schleiften mich bergab. Verzweifelt versuchte ich, mich an allem festzuhalten, was meine Hände zu fassen bekamen. Doch wonach auch immer meine Finger griffen, es brach ab oder löste sich vom Boden, und ich drohte, den gesamten Hang hinabzuschlittern. Ich hörte mich einen Namen schreien, immer wieder, und mit einem Mal kam ich zum Stillstand.

Als ich aufsah, war dort der Mann in Weiß, der meine Ketten auf seine Arme genommen hatte und mir aufhalf. Während er die Gewichte für mich trug, schleppte ich mich völlig erschöpft weiter. Doch selbst mit dieser Hilfe waren meine Kräfte bald vollständig aufgezehrt und ich brach zusammen. Ich spürte, wie die Arme des Mannes mich nahmen und er mich gemeinsam mit meinen Gewichten den restlichen Weg bis zum Gipfel trug. Dort legte er mich neben das Kreuz und setzte sich schweigend.

»Jesus.« Noch einmal brachte ich den Namen des Einzigen über meine Lippen, der mir helfen konnte. Ich war so erschöpft, dass ich am ganzen Leib zitterte. »Bitte, nimm mir diese Fesseln ab!«

Ein Leuchten blendete mich. Als ich meine Augen zusammenkniff und aufsah, erkannte ich das große Kreuz: Es strahlte von innen, als wäre es aus reinem Licht. Die Erscheinung war im selben Moment wieder vorbei, wie ich sie gesehen hatte. Ich fasste an meine Füße.

Die Fesseln waren abgefallen.

Ohne die Ketten war ich in der Lage, mich aufzusetzen. Mit

TAG 15 FESSELN

schwachen Fingern rieb ich mir die wunden Knöchel. Die Fesseln schienen schon so lange an mir geklebt zu haben, dass ich bereits vergessen hatte, wie es sich anfühlte, ohne sie zu leben. Ich kam mir leicht vor, beinahe, als würde ein Teil von mir fehlen – allerdings keiner, den ich vermisst hätte.

»Jeder Mensch trägt Fesseln«, sagte der Mann. »Nicht immer, und nicht immer dieselben, aber immer wieder. Manche sind leicht und kaum spürbar, andere wiederum sind schwer und nicht zu übersehen. Doch die wahre Gefahr der Fesseln sind die Lasten, die sich an sie hängen.«

»Wofür stehen sie?«, fragte ich. Ich war noch immer verwirrt.

»Solange sie an dir hingen, hattest du nicht die Kraft, um die Antwort zu sehen. Sie sind deine Angst. Angst kann dich in tiefe Abgründe ziehen, wenn du sie nicht rechtzeitig loswirst.«

Nach einer Pause fügte er hinzu: »Also, bleib wachsam.«

Der Mann ließ mir ein paar Minuten, um mich auszuruhen, ehe wir uns wieder an den Abstieg machten. Nach einiger Zeit, während der wir schweigend nebeneinander den Berg hinabgingen, sah ich ungewöhnlich geformte Gegenstände auf einer Wiese am Wegrand liegen. Als ich sie mir genauer ansah, erkannte ich Fesseln, die in unterschiedlichen Formen und Größen im Gras verteilt waren. Ganz anders als meine waren diese jedoch so schön gefertigt, dass man sie schon beinahe als Schmuckgegenstände bezeichnen konnte. Sie glänzten und glitzerten in der Sonne, als wären sie aus Glas oder Gold. Ich ertappte mich bei dem Gedanken, eine von ihnen anzuprobieren. Die Fesselchen sahen so leicht aus, dass ich mir nicht vorstellen konnte, wie sie auch nur eine kleine Last hätten tragen können, ohne selbst zu zerbrechen. Also völlig ungefährlich. Doch der Mann packte mich am Arm und hielt mich zurück.

»Ich weiß«, sagte er, »sie wirken nicht sehr bedrohlich. Aber lass dich nicht täuschen! Jede Fessel, egal wie verlockend sie auch aussehen mag, wird dich zu Fall bringen. Es gibt keine Fesseln, die Gutes mit sich bringen.« Ich wich einige Schritte zurück.

»Deine Fesseln waren schwarz und klobig, denn sie waren Fesseln der Angst. Du konntest sofort erkennen, dass sie schlecht waren und du sie loswerden musstest. Andere Fesseln sind subtiler. Sie können dich täuschen, sodass du versucht bist, sie dir freiwillig anzulegen. Wie gesagt: Sei wachsam!«

Als würde ein Schleier von meinen Augen gezogen, sah ich, dass an jeder der schönen Fesseln Ketten mit enormen Lasten hingen, so wie es auch bei meiner der Fall gewesen war. Wie so häufig war ich blind für die wahren Umstände gewesen. Schnell entfernten wir uns von der trügerischen Wiese.

»Vergiss nicht, jede Fessel in dem Moment ans Kreuz zu bringen, in welchem du sie erkennst. Immer wieder werden Dinge versuchen, dich zu binden, dich aufzuhalten und nach unten zu ziehen. Nur Jesus kann deine Ketten sprengen.«

Wir erreichten den Thronsaal und gingen hinein. Ich genoss es so sehr, mich wieder ungehindert bewegen zu können, dass ich für eine Weile nichts anderes tat, als durch den Raum zu tanzen und meine wiedergewonnene Freiheit auszukosten.

Nach einer Weile spürte ich, wie erneut das vage Gefühl in mir aufstieg, welches ich für einen kurzen Moment am Gipfel gespürt hatte: Die Fesseln waren so sehr zu einem Teil von mir geworden, dass ich den Eindruck nicht mehr loswurde, mir würde etwas fehlen, jetzt, da ich sie nicht mehr trug.

Umso neugieriger trat ich deshalb an den kleinen Sockel heran, der in der Mitte des Raumes aufgestellt worden war. Auf ihm lagen verschiedenfarbige Fußreifen. Ich war schon drauf und dran, den ersten anzuprobieren, als mir wieder die Worte des Mannes einfielen. *Sei wachsam!* Diese Fußreifen sahen den goldenen Fesseln von eben verdächtig ähnlich. Vielleicht stand ich vor dem letzten Test, der prüfen sollte, ob ich der Versuchung zu widerstehen gelernt hatte.

»Ich hatte dir geraten, wachsam zu sein«, sagte der Mann in Weiß, der zu mir getreten war, »nicht misstrauisch. Der Unterschied kann so klein sein wie jener zwischen den Fesseln und dem, was du vor dir siehst. Das liegt jedoch nicht daran, dass Gott dich verwirren möchte. Es ist der Feind, der seine Ketten absichtlich an Gottes Entwürfe angelehnt hat, um die Menschen zu verführen. Nicht immer ist es einfach, die Abweichung zu erkennen.«

»Wenn die Ketten des Feindes aber so nahe an Gottes Gestaltung dran sind«, sagte ich, »woher weiß ich dann, dass Gott mich nicht auch an etwas binden möchte?«

»Furcht ist selten ein guter Ratgeber«, sagte der Mann. »Schau genau hin: Was du vor dir siehst, ist echter Schmuck.

TAG 15 FESSELN

Er ist da, um dich zu zieren und zu beschützen. Probiere ihn an und sieh selbst.«

Ich betrachtete die Fußreifen, einen nach dem anderen. Sie waren allesamt von Hand geschmiedete und aufwendig verzierte Meisterwerke. Auf ihrer Innenseite waren Beschreibungen eingraviert, welche sie mit Worten wie Liebe, Barmherzigkeit, Geduld, Hilfsbereitschaft, Frieden und vielen anderem charakterisierten. Ich wählte zwei silberne, mit weißen Edelsteinen besetze Reifen aus, die *Freude* und *Leichtigkeit* sagten. Ich probierte sie an und wie erwartet passten sie, als wären sie Maßanfertigungen.

»Gute Entscheidung«, sagte der Mann und lächelte. »Behalte sie, sie ersetzen deine Fesseln. Solange du sie trägst, helfen sie dir, dass dir weder von anderen noch von dir selbst neue Fesseln angelegt werden.«

»Nie wieder?«, fragte ich.

»Das kann ich nicht versprechen«, sagte er. Dann fügte er noch mit einem Lächeln hinzu: »Sei wachsam.«

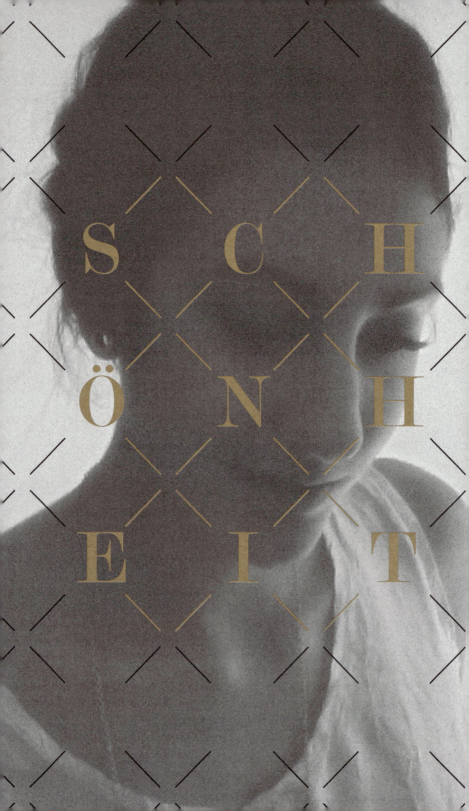

SCHÖNHEIT

TAG 16

Ich war gerade dabei, die Treppe hinaufzusteigen, als ich aus der Ferne eine Melodie hörte, die von der klarsten Frauenstimme gesungen wurde, die meine Ohren je vernommen hatten. Ich konnte die Richtung nicht genau ausmachen, aus welcher der Gesang kam, doch ich spürte einen starken Drang, die Person zu treffen, der diese Stimme gehörte.

Von der Treppe sah ich einen Pfad abzweigen, der in einen prächtigen Park führte. Doch als ich dem Weg folgte, wurde die Stimme schwächer, sodass ich umkehrte. Kurz darauf entdeckte ich einen weiteren Pfad, doch auch er führte mich von der Stimme fort statt zu ihr hin. Immer wieder bog ich ab, doch früher oder später entpuppte sich jeder Weg als der falsche. Ab und zu traf ich auf Menschen, und einige der Frauen waren so schön, dass ich mir sicher war, dass die wunderbare Stimme zu ihnen gehörte. Doch jedes Mal, wenn ich näher kam, sah ich, dass keine von ihnen sang.

Schließlich war ich die Treppe so weit hinaufgestiegen, dass ich die Stimme klar von über mir hörte. Also folgte ich den Stufen bis zu ihrem Ende, wo auf einer Parkbank eine stark

TAG 16 SCHÖNHEIT

beleibte Frau saß. Ihr Anblick überraschte mich zutiefst. Zwar war sie nicht hässlich, aber ihr Aussehen passte in meinen Augen einfach nicht mit der Erwartung zusammen, die ich beim Hören dieser makellos schönen Stimme gehabt hatte. Dennoch konnte ich mich dem Gesang der Frau nicht entziehen, also setzte ich mich neben sie auf die Bank, schloss die Augen und genoss den Klang ihrer Stimme.

Sie sang noch lange Zeit weiter. Als ihr Lied zu Ende war, öffnete ich meine Augen. Sie hatten sich noch nicht an den Kontrast gewöhnt zwischen dem Äußeren der Frau und dem, was ich gehört hatte. Doch sie sah mich an und lachte. Als sich unsere Augen trafen, wusste ich, dass ich mich schämte. Als sie zu sprechen begann, hörte ich allerdings keinerlei Kränkung in ihrer Stimme.

»Schönheit«, sagte sie, »ist für viele Menschen etwas rein Äußerliches. Findest du nicht, dass das eine sehr oberflächliche Art ist, Schönheit wahrzunehmen?« Es lag kein Sarkasmus in ihren Worten. »Allein durch meinen Gesang konntest du ein Stück meiner Seele sehen – und damit einen Aspekt von Schönheit, der von meinem Äußeren gänzlich unabhängig ist. Wahre Schönheit hat keine Grenzen und stellt auch keine auf. Im Gegenteil, sie sprengt alle vorhandenen Grenzen. Deshalb sind viele, die Schönheit nur äußerlich erkennen können, in den Beschränkungen gefangen, die diese Sicht mit sich bringt. Was diese Menschen Schönheit nennen, ist nicht mehr als die Schönheit einer Maske, einer Schaufensterpuppe. Man kann sie anschauen, doch kann man sie weder berühren noch hören. Wahre Schönheit dagegen muss nicht immer sichtbar sein. Man findet sie nicht unbedingt dort, wo man sie erwartet.«

Ich war rot geworden, doch ich sagte nichts.

»Ich weiß«, fuhr sie fort, »dass du einige Male vom Weg abgekommen bist, weil du den Ursprung der Stimme dort vermutet hast, wo du sichtbare Schönheit sahst – in der Ästhetik der Parks und der Anmut der schönen Frauen. Doch Gott legt seine Schönheit oft dorthin, wo man sie am wenigsten erwartet. Denn dort kommt sie am besten zur Geltung.«

Sie sah mich an. Hinter dem ersten Eindruck, den ihr Äußeres auf mich gemacht hatte, konnte ich inzwischen erkennen, dass sie wirklich wunderschön war.

»Wer die Schönheit einer Seele erkennt, der kann auch die wahre Schönheit eines Menschen sehen, die über das Äußere hinausgeht«, fuhr sie fort.

Noch immer wusste ich nicht, was ich sagen sollte. Sie hatte recht. Indem sie mir die Schönheit ihres inneren Wesens offenbart hatte, war meine Einstellung ihrem Äußeren gegenüber völlig belanglos geworden. Ich konnte nicht anders, als daran zu denken, wie oft ich mit mir selbst genauso umging. Ich kümmerte mich mehr um meine äußere Erscheinung, als das zu pflegen, was wirklich zählte: mein Inneres.

»Es ist an der Zeit, dass du weitergehst«, sagte die Frau und unterbrach meine Gedanken. »Jemand anderes wartet auf dich.«

Ich wollte sie fragen, was sie meinte und wohin ich gehen sollte, aber ein Duft drang in meine Nase, der mich augenblicklich – ohne der Frau auch nur eine Verabschiedung zu gönnen – von der Bank weg- und in die Richtung eines Blumengartens lockte. Der Duft war anders als alles, was ich je zuvor gerochen hatte. Es war ein Duft von Jugend, aber auch von Trauer. Von Kindern, die auf Wiesen spielen, und von Sonnenstrahlen, die nach einem Sommergewitter verschlafen durch die schwarzen Wolken blinzeln. Es roch nach dem Tau auf Maiglöckchen im Frühling und nach goldenen Birkenblättern, die kurz davor waren, von ihren Zweigen zu fallen.

Noch während ich mich dem Garten näherte, wusste ich, dass der Duft nicht von dort stammen konnte. Stattdessen folgte ich der Spur am Garten vorbei zu einem kahlen Feld, auf dem die Ruinen eines einstmals riesigen Gebäudes aufragten. Nur die Mauern des Hauses standen noch und zwischen ihnen auf dem Boden saß ein junges Mädchen. Über jeden Zweifel erhaben wusste ich, dass sie den Ursprung des herrlichen Duftes bildete. Ein Blumenkranz war in ihre langen, braunen Haare geflochten, doch es war sie selbst, nicht die Blumen, die für das verantwortlich war, was ich roch.

Als ich näher kam, wandte sie mir ihr Gesicht zu. Ihre großen, braunen Augen hatten dieselbe Farbe wie ihr glänzendes Haar und ihr Lächeln war in der Lage, selbst diese trostlosen und toten Ruinen mit Freude zu füllen. Als sie mich sah, lachte sie und winkte mich heran.

TAG 16 SCHÖNHEIT

»Was ist hier geschehen?«, fragte ich sie. Sie legte den Kopf schief und sah mich eindringlich an. Dann erzählte sie ihre Geschichte.

»Vor langer Zeit stand hier einmal der schönste und größte Palast dieses Landes. Einflussreiche und bedeutende Männer und Frauen gingen in seinen Hallen ein und aus, Künstler, Politiker und Gelehrte erschufen immer größere und beeindruckendere Werke. Musik, Malerei, Poesie, Architektur und Wissenschaft, wie man sie noch nie gesehen oder gehört hatte, fanden hier ihre Blüte.

Mit der Zeit wurden die Menschen dieses Palastes jedoch eifersüchtig. Sie fürchteten sich davor, dass andere sie übertrumpfen könnten. Und so begannen sie, jeden zu bekämpfen, der ihren Neid erregte. Als irgendwann alle äußeren Feinde besiegt waren, wandten sie sich gegeneinander und bekämpften sich selbst, bis alles, was sie geschaffen hatten, nach und nach zu Bruch gegangen und zerstört war. Ihnen war es egal. Lieber wollten sie gar nichts haben, als auch nur den kleinsten Teil ihrer Errungenschaften mit jemand anderem teilen zu müssen.«

Sie sah an mir vorbei in die Vergangenheit, von der sie mir gerade erzählt hatte.

»Warum bist du noch hier?«, fragte ich sie.

»Die Menschen haben den Palast nach und nach verlassen, nachdem sie ihn in eine Ruine verwandelt hatten. Ich bin die Einzige, die geblieben ist. Obwohl sie auch mich bekämpften, weil ich wegen meines außergewöhnlichen Dufts von allen geliebt wurde. Als sie feststellen mussten, dass sie mir meinen Duft nicht nehmen konnten, versuchten sie, zumindest mein Äußeres zu zerstören. Deshalb zerkratzten sie mein Gesicht.«

Mit diesen Worten tauchten auf einmal unzählige Narben auf ihrem Gesicht auf, die ihre gesamten Züge bedeckten. Entsetzt hob ich die Hand vor den Mund. Das Mädchen sah meine Bestürzung und lächelte.

»Du hast die Narben davor nicht gesehen, nicht wahr?«, sagte sie. »Das ist okay. So geht es allen. Hast du schon einmal davon gehört, dass man bestimmte Menschen besonders gut riechen kann und andere weniger? Deine Zuneigung zu mir war aufgrund des Dufts, den du gerochen hast, so stark, dass du alles Hässliche einfach übersehen hast.«

War das wahr? Ich hatte sie so schnell in mein Herz geschlossen, dass ich am liebsten für immer bei ihr geblieben wäre, noch bevor sie überhaupt zu sprechen begonnen hatte. Auf gewisse Weise hatte ich gar nicht erst nach Schwächen oder Fehlern bei ihr gesucht.

»Weißt du«, sagte das Mädchen, »jeder möchte so behandelt werden wie ich. Deshalb waren einige Menschen so eifersüchtig auf mich. Sie konnten jedoch nicht sehen, dass nicht ich allein es war, die mich so liebenswert machte, sondern die Liebe anderer zu mir. Liebe und Freundschaft sind es, die Menschen schön machen, nicht andersherum.«

Zum zweiten Mal an diesem Tag wurde ich durch die Worte einer Fremden herausgefordert. Man konnte Schönheit entdecken, wenn man sich nur darauf einließ. Dann erkannte man sie und war fähig, sie zu sehen und zu schätzen – in sich und in anderen. Das Ziel meiner Suche nach Schönheit war anscheinend nicht etwas, das mir andere geben konnten, sondern meine eigene Haltung. Je mehr ich liebte, desto mehr wäre ich in der Lage, selbst jenen Menschen, die ich nicht gut »riechen« konnte, nahe genug zu kommen, um die Schönheit hinter ihrem Äußeren wahrzunehmen. Erneut wurde ich jedoch in meinen Gedanken unterbrochen.

»Du musst weitergehen«, sagte das Mädchen.

»Wohin?«, fragte ich.

»Folge einfach dem Glanz.« Dann sprang sie auf und gab mir eine feste Umarmung und mit Tränen in den Augen machte ich mich auf den Weg. Schon von Weitem konnte ich ein sanftes Schimmern in der Ferne sehen und so bewegte ich mich darauf zu. Zu meiner freudigen Überraschung bemerkte ich, dass sich der Mann in Weiß zu mir gesellt hatte.

»Wo kommst du denn her?«, fragte ich.

»Ach«, sagte er. »Hier und da. Überall. Du weißt schon.«

Wir erreichten den Ort, von welchem das strahlende Glänzen ausging. Es war eine kleine Säulenhalle, in der eine junge, zierliche Frau gedankenverloren und leichtfüßig über den gefliesten Boden tanzte. Sie bewegte sich so elegant, dass es den Anschein hatte, sie würde über den Boden schweben. Ihre Reinheit und Unschuld strahlten so hell, dass sie ihre gesamte Umgebung zum Leuchten brachte.

TAG 16 SCHÖNHEIT

Ohne ihre Anmut zu verlieren, unterbrach sie auf einmal jäh ihren Tanz, setzte sich an einen großen Flügel, der in einer Ecke des Raumes stand, und begann, so virtuos darauf zu spielen, dass mir augenblicklich die Tränen kamen. Doch kaum hatte sie angefangen, unterbrach sie ihre eigene Melodie schon wieder, drehte sich zu dem kleinen Tisch neben dem Klavier und begann, etwas aufzuschreiben.

Vorsichtig kam ich ein wenig näher. Ich wollte sie nicht stören, doch die Neugier übermannte mich.

»Woran schreibst du?«, fragte ich. »Und was war das für eine unglaubliche Melodie, die du da gerade gespielt hast?«

Das Mädchen schien mich gar nicht wahrzunehmen. Sie zeigte keinerlei Reaktion. Erst, als sie fertig war und sich umdrehte, bemerkte sie mich. Augenblicklich begann sie zu lachen, sprang auf und gab mir eine Umarmung. Als sie meinen verwirrten Blick sah, deutete sie lachend auf ihren Mund und ihre Ohren und schüttelte den Kopf.

Das ergab aber doch gar keinen Sinn, dachte ich. War sie wirklich taubstumm? Wie in aller Welt konnte sie dann so unglaubliche Musik spielen?

Das Mädchen huschte zurück zum Tisch und holte einige dicht beschriebene Blätter, die es mir reichte. Zögernd nahm ich sie und begann zu lesen. Es war eine kurze Geschichte, die jedoch so schön und ergreifend war, dass mir erneut Tränen in die Augen stiegen. Als ich aufblickte, war die junge Frau schon längst wieder mit etwas anderem beschäftigt. Sie schien über eine unendliche Energie und Schaffensfreude zu verfügen, die sie zu all diesen Projekten inspirierte. Ich sah zum Mann in Weiß hinüber.

»Aber warum ist sie taubstumm?«, fragte ich. »Ist das nicht unfair?«

Der Mann lächelte nur und wandte die Augen nicht von der jungen Dame ab, als er antwortete. »Indem ihr das Sprechen und Hören weggenommen wurde, hat Gott ihr ermöglicht, ihre Reinheit und Unschuld zu bewahren«, sagte er. »Weil sie nichts anderes hört als den Klang ihrer eigenen Musik in ihrem Kopf, kennt sie keine Vergleiche. Sie spielt, schreibt und erschafft allein für Gott. Sie weiß es nicht und interessiert sich auch nicht dafür, ob es bessere Kunst gibt als ihre. Für sie gibt es keine Vergleiche. Deshalb strahlt sie so hell.«

Vielleicht war das der Grund, warum ich meinen Blick nicht von ihr abwenden konnte. Es war faszinierend, mit welcher Ruhe und Gelassenheit sie ihrer Schaffenskraft freien Lauf ließ. Sie war voller Selbstbewusstsein, ohne sich dessen bewusst zu sein. So war ihre Schönheit völlig rein, weil sie ganz sie selbst war.

Auf dem Weg zurück bedankte ich mich beim Mann in Weiß für alles, was ich heute hatte sehen dürfen. Und doch hatte ich das Gefühl, dass ich nur ein paar Facetten wahrer Schönheit erlebt hatte. Viele andere warteten noch auf mich. Heute hatte Gott mir die Stimme der Seele, den Duft der Liebe und den Glanz der Reinheit zeigen wollen. Genug für einen Tag.

REGEN

TAG 17

Wäscheklammern! Überall an mir hingen meine Sorgen und Gedanken wie Wäscheklammern, zerrten an mir, zwickten und zwangen mich, ihnen zuzuhören. Also rannte ich, so schnell ich konnte, auf die Treppe zu und die Stufen hinauf. Der Gegenwind blies die kneifenden Biester von meiner Kleidung und aus meinem Kopf. Das Rennen löste mich, befreite mich und klärte meine Gedanken, sodass nur wenig übrig blieb, was sich noch an mich zu klammern versuchte, als ich oben ankam. Der Mann in Weiß schnippte die letzten von ihnen von meiner Kleidung.

Außer Atem sah ich mich um. Das Rennen hatte mich belebt, doch jetzt wusste ich nicht, was ich mit meiner Energie anfangen sollte. Mein Begleiter gab keinerlei Hinweise, wo es heute langgehen sollte.

»Gehen wir zum Thronsaal?«, fragte ich etwas ungeduldig.

Doch der Mann antwortete nur: »Warte und schau zu.«

Ich folgte seinem Blick und sah eine Landschaft weit und grau vor uns ausgebreitet. Es war ein trister Regentag. Schwere dunkle Wolken schoben sich schwerfällig wie eine Herde farb-

TAG 17 REGEN

loser Dinosaurier über den Himmel. Eine Weile stand ich so da, ließ mich vom kalten Regen berieseln und wartete darauf, dass etwas geschah.

Schließlich sah ich, wie der Himmel sich erst hellgrau, dann weiß färbte und endlich ein gleißender Sonnenstrahl die träge Saurierherde auseinandertrieb. Die Wolken lösten sich unter der Hitze der durchbrechenden Sonne fluchtartig auf und stoben über den Horizont davon. Unter ihnen erwachte das Land zum Leben. Das allgegenwärtige Grau verwandelte sich unten in saftiges Grün und oben in stählernes Blau, und alles um mich herum schien mit mir in einem großen, wohligen Seufzer aufzuatmen, als würden wir dasselbe denken: Endlich waren die Regentage vorbei.

Während ich mein Gesicht in die Sonne hielt, wartete ich gespannt, was als Nächstes passieren würde. Je länger ich wartete, desto mehr beschlich mich allerdings das Gefühl, dass da heute nichts mehr kommen würde. Ich wandte mich an den Mann in Weiß.

»War's das etwa schon?«, fragte ich. Ein bisschen Regen? Ein bisschen Sonne? Keine tiefere Bedeutung dahinter?«

»Ich weiß«, sagte der Mann. »Es scheint ein einfaches Bild zu sein, das du heute gezeigt bekommst. Aber es ist wichtig, dass du es verstehst.«

Er bedeutete mir, mich zu ihm auf die Bank zu setzen, die hinter uns im Gras stand, ehe er fortfuhr.

»Gott ist immer bei dir, egal, ob es regnet oder die Sonne scheint. Das klingt banal. Aber viele vergessen, dass Regentage nicht nur unvermeidlich, sondern überlebensnotwendig sind. Gott schickt Regentage in dein Leben, nicht, um dir die Sonne vorzuenthalten, sondern weil dein Leben wie ein Baum nicht nur Sonne, sondern auch Regen braucht.«

Ich fand das nicht nachvollziehbar. Vielleicht gefiel mir auch nur die Metapher nicht. Ich konnte mir bestens vorstellen, nur mit Sonnentagen durchs Leben zu gehen. Vielleicht war ich ja einer dieser Wüstenbäume, die mit wenig Wasser auskamen? Wer brauchte schon Regen, Sturm und Nebel? Ich war für Sonnentage gemacht, nicht für Regenwetter.

»Ich weiß, du hasst es, wenn ein Sturm aufkommt; wenn Nebel dir die Sicht verdeckt, wenn Regen alles zu Grau verschwimmen lässt. Aber glaub mir: Gäbe es keine Regentage, würdest du die Wärme der Sonnenzeiten schon bald nicht mehr genießen können. Du würdest anfangen, die Sonne zu hassen und den Regen zu vermissen. Der Regen hilft dir, deine Ruhepausen nicht zu vergessen – einen Gang zurückzuschalten, einen Tag zu Hause zu bleiben, abzuwarten und eine Tasse heißen Kakao zu trinken. Wenn dann die Sonne nach einiger Zeit wieder durchbricht, strahlt sie umso heller. Nur gemeinsam mit dem Regen, der das Land tränkt, bewirkt sie neues Leben und Wachstum.«

Es ergab schon Sinn, was der Mann sagte. Ich wusste ja, wie Sonne und Regen funktionierten. Doch auf mein Leben übertragen war ich einfach nicht davon überzeugt, dass ich Regentage wirklich brauchte. Der Gedanke, dass ich der Sonne jemals überdrüssig werden könnte, kam mir absurd vor. Ich sah zum Mann in Weiß, doch der machte keinerlei Anstalten, etwas zum Gesagten hinzufügen oder noch irgendwo hingehen zu wollen.

»Wollen wir nicht noch zum Thronsaal gehen?«, fragte ich.

Der Mann hatte die Augen geschlossen und ließ sich das Gesicht von der Sonne wärmen.

»Morgen wieder«, sagte er.

Ich blieb noch eine Weile sitzen, ehe ich aufstand und mich auf den Rückweg machte.

GOTT
WO
BIST
DU?

VERLASSEN

TAG 18

Fassungslos stand ich am Kopf der Treppe. Alles war verschwunden. Kein Thronsaal, keine Holzbank, kein Waldrand, und der Mann in Weiß war ebenfalls nicht da. Selbst der Berg mit dem großen Gipfelkreuz hatte sich in Luft aufgelöst. Statt der grünen Wiese traten meine Füße auf gelben, ausgetrockneten Boden.

Ich stand in einer Wüste.

Leicht orientierungslos sah ich mich um, doch ich konnte beim besten Willen nichts erkennen außer trockenem, glutversengtem Ödland. Vom wolkenlosen Himmel brannte eine unfreundlich gleißende Sonne herab und brachte mich dazu, meine Jacke auszuziehen, weil mir immer wärmer wurde.

Ich versuchte es mit Warten. Wenn ich schon hier war, musste ja irgendwann etwas passieren. Nach einer Weile begann ich, ziellos umherzuwandern, doch die Sonne machte selbst das Laufen zu anstrengend. Ich versuchte, mich hinzulegen, aber der Boden war so heiß, dass ich schnell wieder auf meinen Füßen stand.

Gott?

Was sollte das? Hatte er mich verlassen? Oder versteckte er sich?

Beide Varianten waren nicht dazu geeignet, meine Stimmung abzukühlen, die sich mehr und mehr der Umgebungstemperatur anglich. Nach einer weiteren gefühlten Ewigkeit des Wartens wurde es mir zu blöd.

»Gott!«, schrie ich. »Wo bist du?« Wütend presste ich durch meine Zähne hinterher: »Und warum hast du mich verlassen?«

In diesem Moment war der Mann in Weiß neben mir.

»Gott hat dich nicht verlassen«, sagte er leise. »Du hast ihn verlassen.«

»Hab ich nicht«, blaffte ich.

»Du hast es gestern ganz deutlich gemacht: Du wolltest nur noch schöne Tage haben. Keine Regentage mehr. Also hat Gott dir deinen Wunsch gewährt. Was du vor dir siehst, ist das Ergebnis dieses Wunsches.«

Trotzig blickte ich über die verdorrte Landschaft vor mir. Alles, was diesen Ort einmal schön gemacht hatte, war der unerbittlichen Hitze der Sonne zum Opfer gefallen. Je länger ich die Einöde betrachtete, desto mehr fielen mir Situationen meines Lebens ein, in denen ich meine eigenen Wege gegangen war, um Regentage zu vermeiden, bevor ich irgendwann feststellen musste, dass ich beinahe vertrocknet wäre, und wieder umdrehte.

»Aber wie kann es sein, dass ich nichts davon gemerkt habe?«, fragte ich. »Wie hat es diese Wüste denn überhaupt geschafft, so schnell zu entstehen?«

»Du hast deine Umstände zu selbstverständlich genommen«, antwortete der Mann. »Als du meintest, lieber ohne Regen auskommen zu wollen, hat Gott dich ernst genommen. Das bedeutet nur eben auch, dass selbst nachts der Regen ausbleibt, den Gott schickt, während du schläfst.«

Langsam wich mein Trotz und machte der Trauer Platz. Ich musste mir eingestehen, dass ich so etwas nicht gewollt hatte. Diese Wüste war schlimmer als die schlimmsten Regentage, egal, wie schwer sie auszuhalten waren. Ich wollte wieder den Thronsaal sehen, ich wollte Gott besuchen können. Lieber würde ich mit ihm durch hundert Regentage gehen, als ohne ihn in dieser gnadenlosen Hitze zu bleiben. Meine Einstellung, es besser als Gott zu wissen, hatte sich mal wieder als fatal erwiesen.

»Bitte«, sagte ich, »ich will wieder Regentage haben. Ich sehe es ein: Ich brauche Regen. Ich brauche Gott.«

Liebevoll sah mich der Mann an. Dann sagte er wie am Tag zuvor: »Warte und schau zu.«

Bevor ich etwas sah, spürte ich den Wind. Er war kräftig und kühl und an sich schon eine Erleichterung. Ich schloss meine Augen und ließ mir die Haare zerzausen. Als ich die Augen wieder aufmachte, hatte sich der Himmel mit einer rollenden Wolkenwand verdunkelt. In beängstigendem Tempo galoppierte sie auf uns zu, und noch ehe sie uns erreicht hatte, trug uns der Wind bereits dicke, schwere Tropfen entgegen. Wenig später prasselte ein fröhlicher Sommerregen auf uns herunter. Wie ein kleines Kind tanzte ich und hüpfte in die Pfützen, die sich in den Mulden am Boden bildeten. Gräser und Bäume kehrten zurück und erweckten die Landschaft wieder zum Leben.

Nur eines fehlte noch. Ich beendete meinen Regentanz und wandte mich dem Mann in Weiß zu.

»Wo ist der Thronsaal?«, wollte ich wissen.

»Wieso fragst du?«, sagte er und deutete in die andere Richtung.

Tatsächlich. Ich drehte mich um und dort stand das alte, wohlvertraute, schlichte Steingebäude. Verdutzt blickte ich zurück zum Mann.

»Die Sonne hat dich geblendet«, sagte er. »Du warst dir sicher, dass der Thronsaal nicht da war, weil du ihn nicht sehen konntest. Also hast du auch nicht mehr nach ihm gesucht.«

Wie peinlich. Mit hängendem Kopf machte ich mich auf den Weg zum Thronsaal, aber der Mann kam lachend hinter mir her und richtete mich auf.

»Gott hat dich nie verlassen«, sagte er. »Er hat dich bloß gehen lassen. Aber komm, jetzt bist du ja wieder zurück. Ich denke, drinnen wartet jemand auf dich.«

TAG 18 VERLASSEN

Als ich durch die Tür trat, war es, als käme ich nach langer Zeit in der Ferne endlich wieder nach Hause. Und tatsächlich wartete im Thronsaal eine Gruppe ins Gespräch vertiefter Menschen. Sobald sie meine Anwesenheit bemerkten, unterbrachen sie ihre Unterhaltung und der eine, zu dem ich wollte, drehte sich zu mir um. Er strahlte vor Freude, als er mich sah, breitete seine Arme aus und ich rannte auf ihn zu.

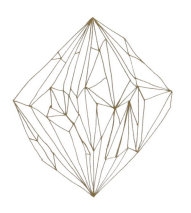

ÜBER WUNDEN

TAG 19

Mit dem Rücken zur Treppe saß ich auf der ersten Stufe. Ich wollte gar nicht nach oben. Da waren ein Haufen Hindernisse unterschiedlicher Größe, die den Aufgang blockierten. Auf so eine mühselige Kletterei hatte ich definitiv keine Lust. Überhaupt lief im Moment eine Menge schief und Gott schien weit weg zu sein – die intensiven Zeiten am Morgen mit ihm gerieten im Gewühl des Alltags schnell wieder in Vergessenheit. Egal, wie sehr ich mich anstrengte, ich kam in meinem Leben gerade nicht voran.

Der Mann in Weiß erschien und setzte sich neben mich. Es musste unübersehbar sein, dass ich heute nicht gerade die Begeisterung in Person war.

»Was ist los?«, fragte er.

»Es ist ja schön, Gott hier jeden Morgen zu begegnen«, begann ich. »Aber im Alltag scheint er so weit weg zu sein. Ich komme mir vor, als ließe er mich mit meinem Problem am Ende doch jedes Mal allein. Kann er nicht einfach ein paar kleine Wunder aus seiner Krone schütteln oder den Engel Gabriel schicken – ach was, sein kleiner Bruder würde mir auch schon reichen – und den ganzen Mist aus meinem Leben schaufeln?«

Der Mann nahm mich in den Arm, hielt mich fest und hörte mir zu, während ich eine Weile weiter schimpfte. Als ich schließlich fertig war, ließ er sich Zeit, ehe er sprach.

»Viele der Hindernisse, die dich blockieren«, sagte er, »sind Dinge, die du dir selbst in den Weg legst.«

Na toll! Jetzt war das natürlich auch noch meine Schuld. Was sonst?

»Natürlich gibt es auch solche, die dir das Leben einfach so zwischen die Füße wirft. Oft sind es allerdings die Hindernisse in deinem eigenen Herzen, die dich davon abhalten, zu Gott zu kommen. Ich schätze, das ist auch einer der Gründe, warum du heute hier unten sitzen geblieben bist, oder?«, sagte er und deutete mit einem Blick die Treppe hinauf.

»Habe tatsächlich ich die ganzen Hindernisse dort hingestellt?«

»Das«, sagte der Mann, »finden wir am besten heraus, indem wir uns auf den Weg machen. Wollen wir?«

Er war aufgestanden und streckte mir seine Hand hin.

»Ich muss über alle drüber?« Ich war immer noch unwillig, mich von meinem kleinen, trotzigen Fleck zu bewegen. Der Mann schwieg und hielt mir weiterhin seine ausgestreckte Hand entgegen. Widerwillig ließ ich mir aufhelfen und mich die Stufen zum ersten Hindernis hinaufführen.

Es war eine glatte Marmormauer, die jedoch nicht so hoch war, als dass ich nicht mit einiger Anstrengung hätte darübersteigen können. Auf der anderen Seite drehte ich mich um, um zu sehen, was ich als Erstes zu überwinden gehabt hatte. In großen, geraden Buchstaben war das Wort »Stolz« in die Mauer eingraviert worden.

»Okay«, sagte ich zum Mann in Weiß, »die hab ich mir definitiv selbst in den Weg gestellt.«

Wir gingen zum nächsten Hindernis, das aus einigen Sandsäcken bestand, die hüfthoch auf die Treppe geschichtet worden waren. Ich krabbelte über sie und fand auf der Rückseite des hintersten Sacks das Wort »Zeitmangel« aufgedruckt. Immerhin war dieses Hindernis nicht allzu groß gewesen, wie ich mit einer gewissen Erleichterung feststellte.

Und so ging es weiter. Einige Blockaden waren schwerer zu überwinden als andere, doch der Mann in Weiß war stets zur Stelle, wenn ich Hilfe brauchte. Bei vielen Hindernissen musste ich mir eingestehen, dass sie wirklich mein eigenes Verschulden waren.

Ich meinte, schon gute Fortschritte gemacht zu haben, als ich auf einmal vor einer haushohen Ziegelmauer zum Stehen kam. Ich hatte keine Ahnung, welches Hindernis derart groß hatte werden können, geschweige denn, wie ich es jemals überwinden sollte. Der Mann in Weiß sah meine Ratlosigkeit und hielt mir wieder seine Hand hin.

»Tut mir leid«, sagte ich, »aber da kommen wir auch gemeinsam nicht drüber.« Ich sah an der Mauer hoch. Es war zwecklos. Hier war etwas, das wohl zu groß für mich war.

»Wetten doch?«, entgegnete der Mann und stellte sich mit dem Rücken zur Mauer. Er verschränkte beide Hände vor seinem Becken und ging ein wenig in die Hocke. Eine Räuberleiter? Ich sah noch einmal die Wand hinauf. Tatsächlich: Dort war ein Vorsprung, der fest genug aussah, um als Klettergriff zu dienen. Er war zu hoch, um ihn im Stehen zu erreichen, doch mit der Hilfe des Mannes hatte ich eine Chance.

»Na gut«, sagte ich. Ich setzte einen Fuß in seine Hände und ließ mich von ihm hochheben. Relativ mühelos hielt ich mich an dem Vorsprung fest. Von meinem neuen Ausgangspunkt konnte ich weitere Steine erkennen, die genug Halt boten, um Meter um Meter die Mauer erklimmen zu können. Das Klettern war anstrengend – und beizeiten auch gefährlich, denn einige der Steine waren nicht so stabil, wie sie aussahen. Ein oder zwei brachen ab, als ich zu viel Gewicht auf sie verlagerte. Doch mit einigem Schweiß erreichte ich das obere Ende der Mauer und sah, dass sie breit genug war, um zu zweit darauf zu stehen. Der Mann kam hinter mir hoch und klopfte mir anerkennend auf die Schulter. Wie er selbst den ersten Abschnitt geschafft hatte, war mir ein Rätsel – aber andererseits überraschte mich bei ihm nicht mehr viel.

Auf der Rückseite führte eine Leiter zurück zur Treppe. Als wir wieder den Boden erreichten, sah ich mich um. Jetzt wollte ich doch mal wissen, was sich mir da turmhoch in den Weg gestellt hatte. Mit schwarzem Graffiti war in großen, hässlichen

TAG 19 ÜBER WUNDEN

Buchstaben über die gesamte Höhe der Wand von oben nach unten ein Wort gesprüht: »Verletzung«.

Mein Herz zog sich zusammen. Tief in mir hatte ich es schon davor gewusst, doch hatte ich es natürlich nicht zugeben wollen. Die Verletzungen, die ich mit mir herumschleppte, waren alt und zahlreich, und auch wenn manch eine heilte, kamen dafür doch oft zwei neue hinzu. Und wenn mir einmal nicht neue Wunden geschlagen wurden, riss stattdessen eine alte wieder auf.

Dennoch hatten wir soeben diese gewaltige Blockade überwunden. Der Mann in Weiß lächelte mich an. Sein Blick erinnerte mich an den Blick meines Vaters, als ich mich zum ersten Mal getraut hatte, meine Angst zu überwinden und ohne Schwimmflügel ins Wasser zu springen.

Eine Träne rann mir die Wange hinunter, ohne dass mir bewusst war, dass ich zu weinen begonnen hatte. Es tat so gut, auf der anderen Seite dieser Mauer zu stehen. Auf Gottes Seite.

»Schau nach oben«, sagte der Mann. Ich drehte mich um und sah die Treppe hinauf. »Kein Hindernis, das dir jetzt bevorsteht, wird so groß sein wie jenes, das du soeben überwunden hast. Ich weiß, dass dir deine Verletzungen lange den Weg versperrt haben und dass es niemals leicht ist, sie hinter sich zu lassen. Doch ich verspreche dir, immer da zu sein, um dir zu helfen und deine Wunden zu heilen.«

Wir kämpften uns gemeinsam durch die restlichen Dinge, die sich mir in den Weg stellten, bis wir, schneller als ich dachte, das Ende der Treppe und den Thronsaal erreichten. Ich war von der vielen Kletterei zum Umfallen müde, doch war ich meinem Ziel zu nahe, um jetzt aufzugeben. Ich drückte die Klinke der kleinen Holztür. Sie ließ sich nicht öffnen.

»Abgesperrt?«, rief ich laut. »Das ist jetzt nicht dein Ernst!«

Ich war mir selbst nicht ganz sicher, wen ich in meiner Wut anzusprechen versuchte, den Mann in Weiß oder Gott selbst, den ich auf der anderen Seite der Tür erwartete. Ich hatte so viele Dinge überwunden, um hierher zu kommen, und jetzt wurde mir am Ende der Zugang zum Thronsaal verweigert? War das auch ein Hindernis, das ich mir selbst in den Weg gelegt hatte, oder spielte Gott lediglich irgendein grausames Spiel mit mir?

Während ich die Klinke noch in der Hand hielt, wurde die Tür mit einem Mal von innen geöffnet und der Mann von gestern trat heraus. Er war definitiv älter als der Mann in Weiß, so alt, dass er dessen Vater hätte sein können. Seine Haare waren von den Jahren versilbert, doch an einigen Stellen blitzte noch die ursprüngliche dunkle Haarfarbe durch. Mit tränenüberströmtem Gesicht starrte ich ihn an, doch bevor ich etwas sagen konnte, hob er mich auf seine Arme, trug mich ins Innere des Thronsaals und setzte sich mit mir gemeinsam in einen großen, weichen Sessel. Er hielt mich fest umarmt, während ich versuchte, meine Erschöpfung und Frustration unter Kontrolle zu bekommen.

»Die Tür war nicht abgesperrt«, sagte er leise. »Du warst nur so erschöpft, dass du sie nicht aufbekommen hast.« Er bot mir ein Taschentuch an.

»Du hast heute so viele Dinge überwunden, um hierher zu kommen, da dachte ich mir, ich komme dir entgegen. Ich bin froh, dass du es geschafft hast. Jetzt, wo du da bist, können wir zusammen die Dinge aus dem Weg räumen.« Vorsichtig stand er auf und überließ mir den großen, flauschigen Sessel. Er nahm eine weiche Decke und deckte mich zu. »Doch das hat Zeit. Eins nach dem anderen. Ruh dich erst einmal aus.«

Kraftlos sank ich in die warme Umarmung des Sessels. Fürs Erste war das alles, was ich brauchte. Um den Rest würden Gott und ich uns gemeinsam kümmern.

Wie fühlt es sich an,
schwere-los zu sein?

SCHWERELOS

TAG 20

Wie schon lange nicht mehr freute ich mich heute ganz besonders auf Gott. Ich wollte schön ausschauen für ihn, daher hatte ich eines meiner Lieblingskleider an: eine helle, lange Chemise, deren weiter Saum wie ein fröhlicher Spatzenschwarm im Wind um meine Beine flatterte, während ich die Treppenstufen hinaufeilte. Oben angekommen drehte ich mich noch einmal um, um die Aussicht zu genießen. Vor mir lag das gesamte Land ausgebreitet. Eine Weile sah ich dabei zu, wie es sich unter den ersten Sonnenstrahlen des Tages aus seinen tiefen Schatten schälte und nach und nach zu leuchten begann. Dann setzte ich meinen Weg zum Thronsaal fort.

Ich trat durch die Tür und fand den Saal leer vor. Gleich darauf gesellte sich jedoch der Mann in Weiß zu mir. Er sah an mir herab und meinte:

»Wunderschön siehst du heute aus!«

Ich lachte und wurde ein wenig rot.

»Komm«, sagte er, »lass uns rausgehen. Er wartet hinter dem Saal auf dich.«

Wir verließen den Thronsaal wieder und stiegen einen Hügel hinauf, auf dessen Kuppe eine große Schaukel aufgestellt war. Darauf saß der Mann mit den silbernen Haaren. Als er mich sah, stand er auf und winkte mir zu, und ich rannte ihm entgegen und sprang ihm in die Arme. Wir setzten uns auf die Schaukel und begannen, auf- und abzuschwingen. Mein Kleid rauschte abwechselnd im Wind und wurde wieder still, wenn die Schaukel jeweils am Zenit jedes Ausschwungs ihren schönsten Trick vollführte, die Zeit stehen blieb und wir für einen winzigen Augenblick schwerelos wurden.

Während wir so schaukelten, trieben von irgendwoher Seifenblasen zu uns herüber. Mit einem Ausruf des Erstaunens deutete ich auf die kleinen, durchsichtigen Regenbogenbällchen, als ich von der anderen Seite Federn in unsere Richtung schweben sah und schließlich zwischen den Federn und Seifenblasen auch noch bunte Luftballons entdeckte.

»Leichtigkeit!«, lachte der silberhaarige Mann. »Alles, was du siehst, habe ich ausgewählt, weil es heute einmal darum geht, deine Schwere loszuwerden und leicht zu sein. Du hast dazu ein äußerst passendes Kleid ausgesucht!« Er lächelte mich an, und die vielen freundlichen Fältchen um seine Augen lächelten mit.

»Du hast also gehört, um was ich dich so oft gebeten habe?«, fragte ich.

»Natürlich!«, sagte er. »Deshalb habe ich auch diesen Platz hier draußen ausgewählt. Ohne Mauern lässt es sich doch viel besser schaukeln, meinst du nicht? Ich weiß, dass viele Dinge dich niederzudrücken versuchen. Aber das beste Mittel gegen die Schwere besteht manchmal darin, sich für eine Weile einfach mit Leichtigkeit zu umgeben, statt der Schwere Raum zu lassen. Nicht jedes Problem wird besser, indem man ihm mehr Aufmerksamkeit schenkt.«

Eine Feder strich fröhlich an meiner Nase vorbei und brachte mich zum Niesen.

»Damit sage ich nicht, dass Mauern und Räume an sich schlecht sind. Aber wenn du merkst, dass du drinnen keine Luft mehr bekommst, solltest du zumindest ein Fenster aufmachen. Besser noch, du gehst gleich ganz raus.«

Ich wusste, was er meinte. Während wir schaukelten und die Leichtigkeit mich wie ein Seidentuch im Wind sanft umhüllte, öffnete ich nach und nach auch die Türen meiner gedanklichen Räume und trat ins Freie.

Für eine Weile sah ich den Seifenblasen, den Federn und Ballons bei ihren kuriosen Tänzen zu, doch dann fiel mein Blick auf eine Hängebrücke, die in einiger Entfernung über eine Klippe hinausführte und in den Wolken verschwand. Neugierig hüpfte ich von der Schaukel und ging auf die wackelig aussehende Konstruktion zu. Der Mann mit den silbernen Haaren gesellte sich zu mir.

»Besonders vertrauenerweckend sieht das nicht aus«, sagte ich.

»Mag sein«, entgegnete er. »Dennoch ist das die stabilste Brücke, die man sich vorstellen kann.«

»Eine stabile Brücke stelle ich mir aber anders vor«, murmelte ich.

Der Mann lachte. »Deshalb ist das auch gleichzeitig die Brücke, deren Überquerung am meisten Mut und Vertrauen erfordert. Wenn es dir hilft, kann dich dein Freund begleiten.«

Der Mann in Weiß war zu uns getreten und legte seine Hand auf meine Schulter.

»Wir sehen uns auf der anderen Seite wieder«, sagte der silberhaarige Mann und verabschiedete sich von mir.

»Was ist denn auf der anderen Seite?«, fragte ich ihn noch, doch er hatte uns bereits verlassen und so blieb ich mit dem Mann in Weiß zurück. Der zuckte nur grinsend mit den Achseln und deutete mit einer aufmunternden Kopfbewegung zur Klippe hin.

Ich trat zur Brücke und setzte meinen Fuß auf die erste Planke. Das Ding war so wackelig, wie ich befürchtet hatte. So viel Spaß mir das Schwingen auf der Schaukel eben noch gemacht hatte, so wenig verlockend kam mir das Ganze unter diesen Umständen vor. Der Mann in Weiß kam an meine Seite und hielt mir seine Hand hin. Der Brücke vertraute ich zwar nicht, doch der Mann hatte mich noch nie im Stich gelassen, also nahm ich sein Angebot an. Gemeinsam gingen wir langsam und vorsichtig, Schritt für Schritt, über diese große, schaukelnde Angelegenheit.

Mit meiner freien Hand klammerte ich mich fest an das Geländer und mein Blick war starr auf die Brücke unter mir

TAG 20 SCHWERELOS

geheftet, sodass ich gar nicht mitbekam, wohin wir gingen. Der Abgrund unter mir half mir währenddessen auch nicht wirklich, mich zu entspannen. Mit jedem Schritt jedoch lernte ich, meine Füße so zu setzen, dass die Brücke immer weniger schaukelte, bis ich schließlich in der Lage war, meine Augen von meinen Füßen loszureißen und einmal nachzusehen, wo wir uns inzwischen überhaupt befanden.

Wir waren mitten in den Wolken. Ich konnte außer dicker, weißer Watte rings um uns nicht viel erkennen. Die Tatsache, dass ich dadurch jedoch auch die bodenlose Tiefe unter mir nicht mehr sah, wirkte angenehm beruhigend. Der Mann in Weiß und ich begannen, uns zu unterhalten. Irgendwann verlor ich den Überblick darüber, wie lange wir schon auf dieser Brücke liefen, und war ganz ins Gespräch vertieft. Als ich daher nach einiger Zeit die Umgebung wieder wahrnahm, war ich von der Tatsache ziemlich überrascht, dass die Brücke verschwunden war. Eine flüchtige Spur zeigte noch an, in welche Richtung wir gingen, doch meine Füße schienen auf die Wolken selbst zu treten. Die Brücke war weg!

Verblüfft blieb ich stehen und fühlte den Grund unter mir – oder besser gesagt das Fehlen desselben. Was auch immer es war, worauf ich ging, es war zwar weich, aber dennoch fest genug, dass ich nicht das Gefühl hatte, in Zuckerwatte zu steigen. Trotzdem war ich über die veränderten Umstände leicht verwirrt.

»Wohin gehen wir?«, fragte ich den Mann in Weiß. »Und wo ist die Brücke hingekommen?«

»Die Brücke führt an keinen bestimmten Ort. Sie ist so lang, wie du sie als Hilfe benötigst. In dem Moment, wo du unbeschwert genug bist, um die Brücke nicht mehr als gefährlich wahrzunehmen – ist sie zu Ende.«

Ich konnte immer noch kaum fassen, dass ich im Grunde auf Nichts herumlief. Ich war praktisch schwerelos.

»Es hat dir eine Menge Vertrauen abverlangt, auch nur einen Fuß auf diese Brücke zu setzen«, sagte der Mann, »doch mit jedem Schritt hast du dich in Leichtigkeit geübt. Wie fühlt es sich an, schwere-los zu sein?«

Es fühlte sich großartig an! Hier in den Wolken gab es keine Mauern und keine Grenzen, nichts, das mich aufhalten oder einengen konnte. Ich war so leicht, dass ich beinahe tatsächlich das Gefühl hatte, schwerelos zu sein.

Leichtfüßig schwebte ich voran, bis die Wolken sich lichteten und ich den Hügel mit der Schaukel vor uns erkennen konnte. Wie die Geografie dieses Ortes beschaffen sein musste, dass wir nun wieder hier waren, war mir ein Rätsel, doch der Mann mit dem silbernen Haar wartete wie versprochen auf mich und ich setzte mich wieder zu ihm auf die Schaukel. Es musste nichts gesagt werden, also blieb ich in Gedanken über das, was gerade geschehen war, noch eine Weile sitzen und fühlte mich dabei leichter als jemals zuvor.

DIE UMARMUNG

TAG 21

Ich war im Gottesdienst. Ausgerechnet heute, am Sonntag, war es mir zum ersten Mal nicht gelungen, Zeit für einen Besuch im Thronsaal zu finden. Als ich so in der Menge der Gottesdienstbesucher stand, die heute gekommen waren, um gemeinsam Gott zu feiern und von ihm zu hören, spürte ich, wie ich ihn vermisste. Mein schlechtes Gewissen kroch wie ein kleines, nagendes Tierchen in mir hoch und fragte mich, ob ich denn heute tatsächlich keine Zeit gehabt hatte oder sie mir nur nicht genommen hatte. Natürlich musste ich mir eingestehen, dass Letzteres der Fall war. Wenn ich gewollt hätte, hätte ich wahrscheinlich einen Zeitpunkt gefunden. Doch ich hatte dem Gedanken nachgegeben, dass es heute zu anstrengend wäre, Gott im Thronsaal zu besuchen, weil ich doch ausruhen wollte. Ich wusste, dass das nicht stimmte – jeden einzelnen Tag war ich bisher erfrischt und ermutigt aus meiner Zeit bei Gott zurückgekommen.

Ich stand also ein wenig zerknirscht da, während die Band spielte, und hielt die Augen geschlossen. Da entwickelte sich ein Bild.

TAG 21 DIE UMARMUNG

Ich befand mich in einer Menge, ähnlich der, in der ich tatsächlich stand, nur um ein Tausendfaches größer. Um mich herum waren Menschen in tiefer Anbetung oder ehrfurchtsvollem Schweigen. Andere sangen laut, wieder andere tanzten – ich war auch hier offensichtlich in einem Gottesdienst. Während ich mich umblickte, sah ich eine einzelne Person, die sich ihren Weg durch die Menge bahnte, geradewegs auf mich zu. Es war der Mann in Weiß. Ein Lächeln breitete sich auf meinem Gesicht aus, als ich ihn erkannte, und verschwand sofort wieder, als mich mein schlechtes Gewissen daran erinnerte, dass ich ja meinen Besuch heute hatte ausfallen lassen. Das Strahlen auf dem Gesicht des Mannes blieb jedoch ungebrochen, und als er sich endlich zu mir durchgekämpft hatte, nahm er mich schwungvoll in die Arme und hielt mich so fest, dass all meine Sorgen und Selbstvorwürfe aus mir herausgepresst wurden, wie Schmutz aus einem dreckigen Hemd gewrungen wird. Alles andere um mich herum trat in den Hintergrund und für einen Augenblick gab es nur mich und ihn.

»Ich war mir sicher, dass ich dich heute nicht mehr sehen würde«, sagte ich. »Es ist meine Schuld, ich –«, doch der Mann unterbrach mich: »Ich bin so froh, dass du gekommen bist!«, rief er, als hätte er mich gar nicht gehört. »Du kannst dir gar nicht vorstellen, wie sehr ich mich freue, dich zu sehen. Ich habe dich vermisst!«

Er blieb neben mir stehen, solange die Band spielte, verabschiedete sich dann und verschwand wieder in der Menschenmenge. Ich öffnete meine Augen und sah, dass ein paar Tränen auf meine geöffneten Handflächen gefallen waren und kleine, glücklich schimmernde Flecken hinterlassen hatten.

ABG ELE NKT

ABGELENKT

TAG 22

Auf dem Weg die Stufen hinauf traf ich eine alte Freundin. Sie sah niedergeschlagen aus, deshalb setzte ich mich eine Weile neben sie und hörte zu, während sie erzählte, was sie bedrückte. Glücklicherweise konnte ich ihr ein wenig weiterhelfen und sie verabschiedete sich dankbar und ein wenig fröhlicher. Ich machte mich wieder auf den Weg.

Kurze Zeit später sah ich in einiger Entfernung neben der Treppe etwas funkeln. Was auch immer es war, es leuchtete so stark, dass ich nicht anders konnte, als der Sache nachzugehen. Ein kleiner Weg zweigte von der Treppe ab und ich folgte ihm, bis ich den Ursprung des geheimnisvollen Leuchtens erreicht hatte. Enttäuscht musste ich feststellen, dass es sich lediglich um eine gewöhnliche Glasscherbe handelte, in der sich ein Sonnenstrahl brach. Leicht verwirrt und genervt ging ich den ganzen Weg zur Treppe wieder zurück. Dort wartete bereits eine Gruppe Menschen auf mich, die alle irgendetwas mit mir besprechen wollten. Ich versuchte, ihnen verständlich zu machen, dass es mir leid tat, ich aber eigentlich im Moment keine Zeit hatte, doch sie ließen nicht von mir ab. Ich gab mir Mühe,

TAG 22 ABGELENKT

ihre Fragen so kurz angebunden wie möglich zu beantworten, ohne unhöflich zu wirken, und machte mich, nachdem sich der Letzte von ihnen bedankt und verabschiedet hatte, endlich wieder auf den Weg.

Doch ich kam nicht weit, denn heute schien Hochbetrieb auf der Treppe zu herrschen. Andauernd tauchten Freunde oder auch Fremde auf, die meine Hilfe brauchten, Aufgaben versperrten mir den Weg und verlangten meine Aufmerksamkeit und Kleinigkeiten am Wegrand brachten mich immer wieder von meinem Ziel ab. Vor allem schien nichts von alledem weniger, sondern im Gegenteil mehr zu werden, je intensiver ich versuchte, mich durch all die Anfragen und Aufgaben zu kämpfen. So würde ich heute nie zum Thronsaal kommen.

Ich blieb stehen und wandte mich an Gott. »Mir wird das zu viel«, sagte ich. »Kannst du mir hel-«

Noch bevor ich ausgesprochen hatte, sah ich den Mann in Weiß die Treppe herabkommen. Er hatte Kopfhörer und eine Sonnenbrille in je einer Hand. Ohne etwas zu sagen, setzte er mir die Kopfhörer auf. Augenblicklich verstummte der Lärm um mich herum, der mich beinahe wahnsinnig gemacht hatte, und wurde vom Klang leiser Musik abgelöst. Dann setzte er mir die Brille auf und wie Scheuklappen – oder wie ein sehr effektiver Filter – verdunkelte sich alles in meinem Blickfeld bis auf die Treppe, die weiß und klar nach oben führte.

Endlich konnte ich mich wieder darauf konzentrieren, wohin ich eigentlich wollte: zum Thronsaal. Jetzt dauerte es auch nicht lange, bis ich das Ende der Treppe erreicht hatte. Das kleine, graue Steinhaus stand heute im Schatten eines weitaus größeren, prächtigeren Gebäudes, dessen hohe Torflügel nach außen geöffnet waren. Ich nahm Brille und Kopfhörer ab und trat ein.

Das konnte man nun wirklich einen Thronsaal nennen! Meine Füße wandelten auf reinem Marmor, meine Lungen atmeten Weite und meine Ohren meinten, das Sonnenlicht auf all der Pracht glitzern hören zu können, welche den Raum von oben bis unten füllte. Den Kopf in den Nacken gelegt wanderte ich durch den Saal und kam aus dem Staunen nicht mehr heraus. Es gab hier mehr zu sehen als in allen Museen der Welt zusammen. Die Sammlungen des Vatikans wirkten im Vergleich hierzu wie die Privatsammlung auf dem Dachboden eines Kleinstadtgaleristen.

Weit davon entfernt, auch nur im Ansatz all die Herrlichkeit dieses Saals erfasst zu haben, waren meine Beine irgendwann jedoch so müde, dass ich mich langsam auf den Weg zurück nach draußen machte. Da erst sah ich den Mann mit den silbernen Haaren, der in der Mitte des Raumes in einem schlichten Sessel saß und zu mir herübersah.

Ups. Hatte er all die Zeit schon hier gesessen und auf mich gewartet? Ich hatte ihn gar nicht wahrgenommen – ich war bei all meiner Staunerei wohl einfach an ihm vorbeigewandert. Als ich mich ihm näherte, hielt ich meinen Blick gesenkt, was mir nicht schwerfiel, weil in den Boden farbenprächtige Mosaike eingelassen worden waren, sodass ich schon beinahe stehen geblieben wäre, um sie eingehender zu betrachten. Doch der Mann war aufgestanden und kam mir entgegen. Er nahm mich in den Arm, nahm meine Hand und sagte lächelnd, aber bestimmt: »Komm, lass uns woanders hingehen.«

Er führte mich aus dem großen Saal hinaus und in das kleine Steingebäude, das scheu neben seinem großen Bruder kauerte. Der Raum war wie immer leer und kahl, doch es war warm, und auf dem Fußboden waren dicke, einfache Teppiche ausgerollt. Wir setzten uns. Der Mann musste nicht erklären, warum wir hier waren, doch er sprach trotzdem: »In vielen Fällen ist das, was dich ablenkt, gar nichts Schlechtes«, sagte er. »Den Menschen zu helfen, die deine Unterstützung brauchen, ist richtig und notwendig. Doch manchmal ist es wichtiger, dass du zuerst zu mir kommst. Ohne die nötige Kraft bist du sonst niemandem von Nutzen.« Er machte eine Pause und zupfte an den Fransen im Teppich.

»Natürlich gibt es aber auch Ablenkungen, die du von vornherein vermeiden solltest. Sie sehen vielleicht verführerisch aus, aber sie bringen dich bloß auf Abwege. Wie du selbst gemerkt hast, waren es am Ende sowieso nie die Dinge, die du erwartet hattest.« Eine Teegarnitur stand neben uns auf dem Teppich, und er schenkte erst mir und anschließend sich selbst eine Tasse dampfenden Tee ein.

»Und schließlich«, fuhr er fort, »gibt es all die Kleinigkeiten, die auch noch erledigt werden müssen und deine Aufmerk-

TAG 22 ABGELENKT

samkeit verlangen. Ich will dich gar nicht von ihnen abhalten. Aber ich will dir helfen, sie besser zu erledigen. Deshalb lohnt es sich, zuerst Zeit mit mir zu verbringen. Deine Prioritäten richtig zu setzen, ist der Schlüssel.«

Ich nickte. »Was hatte es mit der Brille und den Kopfhörern auf sich?«

Der Mann schlürfte seinen heißen Tee. »Die Brille«, sagte er, »hilft deinem Verstand, klar zu sehen. Wenn du mich lässt, helfe ich dir, den Fokus auf die wichtigen Dinge zu legen und alles andere auszublenden. Dann kann ich dir besser zeigen, wohin du gehen musst. Die Kopfhörer dagegen«, er setzte die Tasse wieder ab, »sind für deine Gefühle. Es ist nicht immer einfach, auf die richtigen Gefühle zu hören – solche, die dir tatsächlich helfen, gute Entscheidungen zu treffen und nicht vom Weg abzukommen. Wenn du weder anständig hören noch gut sehen kannst, kann es sehr schwer werden, auf dem richtigen Weg zu bleiben.«

»Ich schätze, deswegen sind wir auch hier«, sagte ich.

»Ich wollte dir wirklich gern meinen großen Thronsaal zeigen, aber du warst so abgelenkt von dem, was ich tue und tun kann, dass du mich selbst gar nicht mehr wahrgenommen hast.« Ich blickte wieder zu Boden.

»Keine Angst«, sagte er, »du bist nicht die Erste, der das passiert. Viele Menschen sind so überwältigt von dem, was ich *tue*, dass sie gar nicht sehen, wer ich *bin*. Ich dachte mir, hier drüben lenkt uns nichts ab, und wir können ungestört ein wenig Zeit miteinander verbringen.«

Er sah, dass ich meinen Tee ausgetrunken hatte, und schenkte mir noch eine Tasse nach.

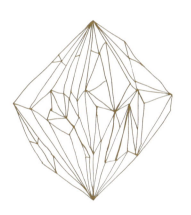

DER SPIEGEL

TAG 23

Ich blickte in einen äußerst seltsamen Spiegel. Mein Spiegelbild war in ständigem Wandel begriffen – mal war es schön wie an meinem Hochzeitstag, im nächsten Moment schon wieder so furchtbar, dass ich kaum hinsehen konnte. Alle Abstufungen, die man sich vorstellen konnte, wechselten sich zwischen diesen beiden Extremen in unvorhersehbaren Mustern ab. Der Mann in Weiß trat neben mich und sah, dass ich Erklärungsbedarf hatte.

»Spiegelbilder sollten sich nicht verändern, ich weiß. Wenn du hier Gottes Bild von dir sehen würdest, wäre das auch nicht der Fall. Er sieht dein wahres Ich, mit allen Stärken und Schwächen, Schönheiten und Fehlern, und sein Bild von dir ändert sich nicht. Was du allerdings in diesem Spiegel siehst, ist deine Selbstwahrnehmung. Und die ändert sich, wie du, denke ich, weißt, ziemlich oft.«

Bei wem war das denn nicht so? Die Person, die ich im Spiegel sah, mochte am Morgen theoretisch dieselbe sein wie am Abend zuvor, doch wie oft wirkte es ganz anders? Wenn ich gut drauf war, konnte es mir durchaus passieren, von einem Top-

TAG 23 DER SPIEGEL

model im Spiegel angelächelt zu werden, doch noch am selben Tag mussten nur die richtigen Faktoren zusammenspielen, und schon stand ich vor der noch hässlicheren Schwester des hässlichen Entleins.

»Warum ist der Spiegel eigentlich so klein?«, fragte ich den Mann in Weiß. Das war mir erst jetzt aufgefallen.

»Es gibt auch Spiegel, in denen du alles sehen kannst. Aber die findet man nur im Thronsaal«, sagte der Mann.

»Na dann«, meinte ich, ohne weiter nachzudenken, und machte mich auf den Weg die Treppe nach oben.

Meine Erwartungen wurden mehr als übertroffen. So viel mehr, dass mir nicht ganz wohl dabei war. Der gesamte Raum war mit Spiegeln behangen. Riesige, in Goldrahmen gesetzte Rechtecke; rahmenlose Kreisspiegel, so groß wie Kirchenfenster; mannshohe Ovale und ganze Wandabschnitte, die mit Spiegelkacheln bedeckt waren, sodass kaum noch Wand übrig blieb zwischen all dem polierten Glas. Selbst an der Decke hingen Spiegel und der Fußboden war vollständig – verspiegelt.

Ich trat an einen der Spiegel und sah hinein. Jetzt erst fand ich heraus, was der Mann gemeint hatte, als er »alles« gesagt hatte, denn ich sah zu meinem Erschrecken tatsächlich: alles. Nicht allein mein Äußeres zeigte dieser Spiegel, sondern mein gesamtes Wesen, meine Seele bis zu ihren tiefsten Gründen und Abgründen. Mir gefiel bei Weitem nicht alles, was ich sah. Nach einer Weile wandte ich meinen Blick ab. Ich drehte mich um, doch dort auf der anderen Seite des Raumes starrte mir ebenfalls mein nacktes Ich entgegen. Hastig sah ich weg, doch egal, wohin meine Augen blickten, blickte mein Ich erbarmungslos zurück. Schließlich hielt ich es nicht mehr aus. Ich schlug mir die Hände vors Gesicht und rannte aus dem Saal.

Der Mann mit dem silbernen Haar trat hinter mir aus der Tür und setzte sich neben mich auf die Stufen vor dem Saal. Als er meinen verstörten Blick sah, lachte er und legte seinen Arm um mich.

»Alles in Ordnung«, sagte er. »Niemand hält das lange aus. Zumindest nicht, solange er nicht ganz bei mir ist. Sich mit seinem Äußeren abzufinden, ist das eine. Die tiefsten Tiefen seiner Seele offengelegt vor sich zu sehen, ist eine ganz andere Geschichte. Du warst da drin so intensiv damit beschäftigt, diesen Anblick zu verdauen, dass du mich zwischen all deinem Ich gar nicht wahrgenommen hast. Hättest du deinen Blick auf mich gerichtet, wäre es nur halb so schwer gewesen. Aber wie gesagt, es ist alles in Ordnung. Kaum einer schafft das beim ersten Mal.«

Er holte einen kleinen Taschenspiegel aus seiner Hosentasche und reichte ihn mir. »Ich entscheide deshalb stets ganz bewusst, welchen Spiegel ich euch zu welchem Zeitpunkt vorhalte. Manchmal sind es Spiegel, die euch daran erinnern sollen, wie schön und wertvoll ihr seid. Es gibt zu viele Menschen, die das leider andauernd vergessen.«

Ich sah in den Taschenspiegel, schluckte und versuchte, mich unauffällig zu verhalten. Jetzt war mir klar, warum der Mann mir erst mal nur einen kleinen gegeben hatte.

»Manchmal muss ich euch aber auch Spiegel vorhalten, die euch zeigen, dass ihr auf dem falschen Weg seid, und euch daran erinnern, was richtig und wahr ist.« Er wandte sich mir zu und sah mich an. Seine Augen waren wie der Saal hinter uns. Ich konnte darin mein gesamtes Sein gespiegelt sehen, ausgebreitet wie ein offenes Buch.

»Vergiss nicht: Ich sehe dich immer so, wie du bist, und ich liebe dich trotzdem, nicht weniger und nicht mehr. Wenn du eine neue Schwäche an dir wahrnimmst, magst du vielleicht versucht sein zu denken, ich wäre darüber so bestürzt, wie du es in diesem Augenblick bist. Doch ich wusste schon lange vor dir alles über dich. Nichts ist für mich eine Überraschung, schon gar keine böse. Meine Liebe für dich ist und bleibt immer dieselbe.«

»Kann es sein«, fragte ich, »dass wir Menschen uns manchmal ziemlich lächerlich dir gegenüber verhalten?«

»Sagen wir einfach, es amüsiert mich, wenn ihr wieder einmal denkt, mich überraschen zu können«, sagte er und schmunzelte.

»Weißt du was?«

»Ja?«

»Es tut gut, einfach mit dir auf dieser Treppe zu sitzen.«

DER SCHWARM

TAG 24

Eine dunkle Wolke verfolgte mich. Das Surren und Brummen war so furchteinflößend, dass ich rannte, so schnell mich meine Beine trugen. Ich hatte nicht einmal Zeit, über meine Schulter zu sehen, um zu erkennen, was mich da genau verfolgte, aber es hörte sich an wie ein Schwarm wütender Insekten. Ich hatte keine Lust, die Angelegenheit aus der Nähe zu inspizieren, also rannte ich weiter auf der Suche nach der Treppe und betete zu Gott, er möge mich vor einem Tod durch aufgebrachte Zweiflügler bewahren.

Als ich endlich die Treppe erreichte, wartete dort der Mann in Weiß auf mich, der seelenruhig sitzen blieb, während ich frenetisch an seinem Ärmel zupfte, dass wir weitersollten.

»Du kannst vor deinen eigenen Gedanken nicht weglaufen«, sagte er.

Der dunkle Schwarm kam immer näher. Das waren meine Gedanken?

»Lass mich dir zeigen, wie du mit ihnen umgehen kannst. Hab keine Angst. Sie mögen laut und bedrohlich wirken, aber die meisten von ihnen machen lediglich viel Lärm um nichts.«

TAG 24 DER SCHWARM

»Das mag ja alles stimmen«, sagte ich, wobei mein nervöser Schulterblick in Richtung des immer noch näher kommenden Schwarms verriet, dass ich ihm nicht zu hundert Prozent glaubte. »Aber was mache ich jetzt?«

»Zuerst einmal musst du sie stoppen«, sagte der Mann. »Warte, ich helfe dir.« Er hob eine Hand und augenblicklich kam die surrende Wolke zum Stehen, nur wenige Meter vor uns.

»So, dann wollen wir doch mal sehen, was wir hier haben. Der zweite Schritt«, fuhr er fort, »besteht darin, deine Gedanken zu ordnen.« Mit einer weiteren Geste löste der Mann den Schwarm auf und reihte die einzelnen Tiere in einer langen Kolonne auf. Es stellte sich heraus, dass der Großteil der Wolke aus Fliegen bestanden hatte, zwischen denen gelegentlich ein paar Bienen schwirrten.

»Siehst du die ganzen Fliegen hier?«, fragte der Mann. »Das sind all die kleinen, lästigen Gedanken, die viel Lärm veranstalten, aber nichts wirklich Bedeutendes zu sagen haben. Weil sie so laut sind, bist du zwar versucht, dich mit ihnen zu beschäftigen, aber auf Dauer treiben sie dich bloß in den Wahnsinn.«

»Aha«, sagte ich.

»Dabei ist es so einfach, sie loszuwerden.« Der Mann ging zu den Fliegen und schnippte sie eine nach der anderen aus der Reihe.

»Ignoriere sie einfach«, sagte er. »Kümmere dich nicht um sie.« Mit jeder Fliege, die verschwand, wurde der Lärm leiser, bis nur noch das sanfte Brummen einer überschaubaren Anzahl Bienen übrig blieb.

»Und wie werde ich die Bienen los?«, fragte ich. Ich mochte Bienen nicht besonders. Ich hatte das Gefühl, nie sicher sein zu können, wann mich eine von ihnen stechen würde – wahrscheinlich ein Überbleibsel schlechter Kindheitserinnerungen.

»Bienen wird man nicht los. Dafür sind sie zu wichtig. Mit Bienen muss man sich auseinandersetzen. Komm, ich zeig dir, wo.«

Anstatt die Treppe hinaufzusteigen, gingen wir einen Feldweg durch eine blumenübersäte Wiese entlang. Die Bienen flogen in sicherem Abstand hinter uns her. Hatte ich erwähnt, dass ich Bienen nicht über den Weg traue? Alle paar Meter warf ich einen Blick über die Schulter, um mich zu vergewissern, dass sich nicht eine von ihnen heimlich an mich heranschlich, um sich anschließend in meinem Hosenbein zu verirren und in ihrer Panik fieses Bienengift in mein unschuldiges Blut zu pumpen. Doch nach einiger Zeit gelangten wir unbeschadet an einen Bienenstock.

»Schritt Nummer drei«, sagte der Mann, »ist, die wichtigen Dinge an ihren richtigen Platz zu bringen. Du hast recht, Bienen können auch stechen. Genauso können Dinge von größerer Bedeutung auch größeren Schaden anrichten, wenn du falsch an sie herangehst. Bienen, die dort sind, wo sie hingehören, verwandeln sich jedoch von potenziellen Feinden in potenzielle Helfer, die dir sogar Honig spenden, wenn du weißt, wie du mit ihnen umgehen musst.«

»Das klingt einfacher, als es mir im Alltag manchmal vorkommt«, sagte ich.

»Und die Gedankenwolke fängt wieder an, dich zu verfolgen, stimmt's? Aber vergiss nicht: Du bist und bleibst die Herrin deiner Gedanken. Sie müssen auf dich hören, nicht du auf sie.«

Er scheuchte die Bienen in den Bienenstock, drehte sich um, sah die skeptischen Falten, die mir immer noch auf der Stirn standen, und lachte.

»Aber gut. Das reicht für heute«, sagte er. »Du musst nicht alles auf einmal schaffen. Wollen wir zum Thronsaal gehen? Dort wartet jemand auf dich.« Er deutete zur Treppe.

Ich drehte mich um und sah ein Schimmern auf dem Gipfel des Berges.

»Na los, geh schon!«, rief der Mann.

Ich rannte zurück und die Stufen hinauf. Das Licht kam wie erwartet direkt aus dem Thronsaal. Es strahlte aus jedem Fenster, hell, ohne zu blenden. Als ich durch die Tür flog, sah ich den Mann mit dem silbernen Haar in der Mitte des Raums stehen. Er trug einen Mantel, der bis zum Boden reichte und mit jeder seiner Bewegungen in allen Farben des Regenbogens schimmerte. Von diesem Mantel ging anscheinend das Leuchten aus, das so weithin sichtbar gewesen war. Mit großen Augen kam ich näher.

»Was ist das?«, fragte ich.

»Das«, sagte der Mann, »ist der Mantel der Wahrheit und

Weisheit.« Er nahm das kostbare Kleidungsstück von seinen Schultern und reichte es mir. »Ich habe ihn für dich vorbereitet. Wenn du willst, darfst du ihn anziehen.«

Ich zögerte. Der Mantel schien in mehrfacher Hinsicht ein paar Nummern zu groß für mich zu sein. Der Mantel der Wahrheit und Weisheit? Ich konnte nicht erkennen, warum ich ein Anrecht darauf haben sollte, mit so etwas auf den Schultern herumzulaufen.

»Er ist ein Geschenk«, sagte der Mann. »Du musst ihn dir nicht verdienen. Es gibt keine Vorbedingungen, um diesen Mantel tragen zu dürfen. Derjenige, dem ich den Mantel gebe, ist aufgrund meiner Entscheidung bereits dazu berechtigt, ihn zu tragen, um den Menschen Licht in ihre Dunkelheit zu bringen. Sein Leuchten kommt aus ihm selbst, nicht von der Person, die ihn trägt, von daher brauchst du keine Angst zu haben, ihm nicht gerecht zu werden.«

Noch bevor ich widersprechen konnte, hatte er mir den Mantel über die Schultern gelegt. Er war schwer und dick, wie es sich für einen derart majestätischen Mantel gehörte, und lag dennoch erstaunlich leicht auf meinen Schultern, als wollte er bewusst nicht sein ganzes Gewicht auf dem Träger ablegen.

»Mit dem Geschenk des Mantels kommt auch eine Aufgabe«, sagte der Mann. »Es ist an dir, das Licht dieses Mantels zu den Menschen zu tragen, die sich in Dunkelheit befinden. Aber denk dran: Es ist nicht dein Wesen, das leuchtet, sondern allein das Wesen des Mantels.«

Dann bedeutete er mir, mich umzudrehen, und ich sah hinter mir einen großen Spiegel an der Wand hängen. Und tatsächlich, im Strahlen des Mantels war mein Gesicht beinahe nicht mehr zu erkennen. Ich war dankbar dafür, so deutlich vor Augen geführt zu bekommen, dass es in dieser Angelegenheit nicht um mich ging. Hoffentlich würde ich mich daran erinnern, wenn es darauf ankam.

Ich würde dich niemals verlassen.

DIE ERSCHÖPFUNG

TAG 25

Ich stand vor dem Treppenaufgang. Wie lange war es her, dass ich das letzte Mal hier gewesen war? In den letzten Wochen hatte ich keine Zeit mehr gefunden, den Thronsaal zu besuchen. Die Treppenstufen sahen alt und mitgenommen aus. Der Stein war an vielen Stellen aufgerissen und abgesplittert, und zwischen den Rissen wuchsen Moos und Gräser. Erschöpft von all der Arbeit, die mich davon abgehalten hatte, hierherzu kommen, stand ich nun vor der heruntergekommenen Treppe und Tränen der Reue liefen mir die Wangen hinunter.

Ich stapfte die verwaisten Stufen hinauf. Die Treppe war in einem so miserablen Zustand, dass ich nur mit Mühe vorankam. Einige der Stufen waren eingesunken und schief, andere fehlten ganz oder waren so zerbrochen, dass ich sie nicht betreten konnte. Wie hatte ich es nur so weit kommen lassen können? Zu alledem kam, dass ich ganz einfach aus der Übung war. Meine Beine waren das Treppensteigen nicht mehr gewohnt und fingen schon nach kurzer Zeit an, sich immer lautstarker zu beschweren.

Je weiter ich stieg, desto mehr verwandelte sich das Gehen

TAG 25 DIE ERSCHÖPFUNG

in regelrechtes Klettern. Als ich endlich das Ende der Treppe erreicht hatte, war ich komplett außer Atem. Meine Beine zitterten und trugen mich nur noch unter größter Anstrengung die letzten Meter bis zum Thronsaal, der so verlassen dalag wie alles andere auch. Die Tür stand offen, und bevor ich eingetreten war, wusste ich, dass ich hier niemanden antreffen würde. Gott hatte diesen Ort verlassen.

Warum hätte er auch warten sollen? Ich hatte ihn schon so lange nicht mehr besucht, dass es nur verständlich war, wenn er sich dringenderen Tätigkeiten zugewandt hätte, statt hier seine Zeit damit zu vergeuden, mich herbeizusehnen.

Ich warf dennoch einen Blick in den Raum. Er war leer. Auch der Mann in Weiß, der mich bisher noch stets gefunden hatte, war nirgendwo zu sehen. Ich setzte mich auf die Eingangstreppe vor dem Thronsaal. Ich hatte mir doch Mühe gegeben, zwischen all meinen Verpflichtungen und Terminen noch Zeit für meine Besuche bei Gott zu finden. Doch ich hatte es einfach nicht geschafft und jetzt, wo ich gekommen war, um Gott zu begegnen, wusste ich nicht, wo er zu finden war. So wichtig mir all die Dinge erschienen waren, die ich zu erledigen gehabt hatte, sosehr wünschte ich mir nun, lieber auf sie verzichtet zu haben als auf meine Besuche bei Gott. Jetzt aber war es zu spät, um meine Entscheidungen rückgängig zu machen. Nicht nur hatte Gott mich verlassen, ich war auch innerlich wie äußerlich so abgekämpft, dass ich keine Kraft mehr hatte, weiterzusuchen. Ich legte mich auf die Treppenstufen und schloss meine Augen, aus deren Winkeln noch immer Tränen flossen.

Ich war noch nicht ganz eingeschlafen, als ich spürte, wie eine Person zu mir an die Stufen trat und mich sachte aufhob. Ich öffnete meine Augen ein wenig und erkannte den Mann in Weiß, der mich vom Thronsaal wegtrug. Für einen Moment sahen wir uns an und wie immer lag in seinem Blick ungebrochene Liebe. Ich versuchte, zurückzulächeln, ehe meine Augen wieder zufielen. Eine Weile spürte ich nichts anderes als den sanften Gang des Mannes, der mich trug. Irgendwann jedoch hörte ich entfernte Geräusche von Menschen und Musik, die langsam aber stetig lauter wurden. Vor meinen Lidern wurde es heller und die Geräusche verwandelten sich in Lachen und Gespräche, doch ich hatte nicht die Energie, meine Augen zu öffnen, um zu erfahren, wer da sprach und wo wir uns befanden.

Der Mann übergab mich an jemand anderen. Ohne nachzusehen, wusste ich, dass es der Mann mit den silbernen Haaren war. Ich verspürte dasselbe Gefühl wie früher, als mich mein Vater als Kind auf seine Arme genommen hatte, wenn ich nicht schlafen konnte. Er setzte sich mit mir in einen Sessel und breitete eine Decke über mich. Er schien sich Mühe zu geben, mich nicht zu wecken, während er sich leise mit den Umstehenden unterhielt. Ich konnte nicht verstehen, über was sie sprachen – ich hörte auch nicht wirklich zu –, doch die Umgebungsgeräusche und das leise Gemurmel der Stimmen im Hintergrund ließen mich bald einschlafen.

Als ich die Augen wieder öffnete, lag ich noch immer in den Armen des Mannes. Ich sah mich um und stellte fest, dass wir uns in einem wesentlich größeren und prächtigeren Saal als zuvor befanden. Die Menschen, deren Stimmen ich gehört hatte, waren inzwischen gegangen und hatten uns alleine gelassen. Ich blickte auf und sah ein Lächeln, das sich über das Gesicht des Mannes gelegt hatte, als wäre es schon immer da gewesen.

»Es tut mir so leid«, sagte ich und vergrub mein Gesicht in seiner Schulter. »Es tut mir so leid, dass ich nicht mehr gekommen bin.« Der Mann strich mir sanft übers Haar. »Ich habe schon gedacht, ich hätte dich verloren. Dass du mich verlassen hättest. Dass du so weit weg wärst, dass ich dich nicht mehr besuchen kann.«

»Meine Tochter«, sagte der Mann. Auch er hatte Tränen in den Augen. »Ich würde dich niemals verlassen. Ich habe hier auf dich gewartet, weil ich wusste, dass du heute kommen würdest. Ich habe gesehen, wie ausgelaugt du bist, deshalb habe ich deinen Freund geschickt, damit er dich zu mir bringt. Doch du warst so verausgabt, dass du noch auf den Stufen eingeschlafen bist, bevor er dich abholen konnte. Siehst du, ich weiß doch, wie sehr du versuchst, alles richtig zu machen. Ich weiß auch, dass es dir schwerfällt, deine Zeit richtig einzuteilen und den wichtigen Dingen Vorrang vor den dringenden zu geben. Dabei machst du das eigentlich schon ganz gut. Aber du siehst selbst, wie es dich erschöpft. Deshalb möchte ich dir helfen,

TAG 25 DIE ERSCHÖPFUNG

nicht erst dann zu mir kommen, wenn du schon völlig ausgebrannt bist.«

»Ich bin nur so müde, weil ich in letzter Zeit so schlecht einschlafen kann«, verteidigte ich mich.

»Ich weiß. Weil du abends so viel von deinem anstrengenden Tag verarbeiten musst, dass du nicht zur Ruhe kommst. Deswegen ist es so wichtig, dass du zu mir kommst, damit wir besprechen können, was dich belastet. Ich möchte dich aufbauen. Erinnerst du dich? In der Ruhe liegt die Kraft. Ich kann dir Ruhe geben, wenn du ruhelos bist. Du darfst auch einfach die Augen zumachen und dich bei mir erholen. Ich freue mich doch vor allem, dass du bei mir bist. Das ist mir wichtiger als alles andere.«

Allein seiner Stimme zuzuhören, war wie Nachhausekommen. Seine Worte waren wie der Duft von Kaffee am Morgen. Ich schmiegte mich an ihn und sagte ihm, wie sehr ich die Zeiten mit ihm vermisst hatte. Er drückte mich fest an sich und ließ seine Liebe und Ruhe durch mich strömen wie Wasser, das auf ausgetrocknete Erde fällt. Und wie die Wurzeln eines durstigen Grashalms saugte ich jeden einzelnen Tropfen auf.

*Sei still und erkenne,
dass ich Gott bin.*

EIN
BRUCHTEIL GOTTES

TAG 26

Der Mann in Weiß stand am oberen Ende der Treppe und wartete auf mich. Ich hatte nicht viel vom Aufstieg mitbekommen – er war heute zur Abwechslung leicht und mühelos gewesen. Wir begrüßten uns und begannen, in Richtung eines Berges zu gehen. Während wir Büsche und Bäume in gemütlichem Tempo an uns vorbeiziehen ließen, betrachtete ich aus den Augenwinkeln im Stillen meinen Begleiter. Seit dem Beginn meiner Besuche war er jeden Tag bei mir gewesen. Seine anhaltende Treue hatte ich mit wachsendem Vertrauen belohnt; ich wagte schon fast, ihn Freund zu nennen. Doch hinter seinen vielen freundlichen Gesichtsausdrücken stand stets eine Größe und Tiefe, die mir nach wie vor einen respektvollen Abstand einzuhalten gebot, so wie ihn ein Student zu einem Professor hält, von dem er zum Kaffee eingeladen wird.

Solche Gedanken gingen mir durch den Kopf, während wir in von häufigem Lachen unterbrochene Gespräche vertieft die Flanke des Berges erklommen. Wir hatten die dichten Kiefernwälder hinter uns gelassen und befanden uns nun in steilem, ungeschütztem Gelände, dessen zerzaustes Buschwerk heftige

TAG 26 EIN BRUCHTEIL GOTTES

Winde verriet, welche diese Seite des Berges beständig heimzusuchen schienen. Tatsächlich wehte uns bald ein harter, kalter Nordwind entgegen, der zahlreiche kleine Schneeflocken mit sich trug. Dennoch schien das Wetter weder unseren Aufstieg zu behindern, noch war die Kälte in der Lage, mit ihren eisigen Fingern durch meine Kleidung zu dringen. Es war, als würde der Sturm einen wohlüberlegten Bogen um uns machen, während wir ungehindert weiter hinaufstiegen.

Von Weitem schon konnte ich das gewaltige Holzkreuz erkennen, das den Gipfel des Berges wie einen natürlichen Kirchturm krönte, und je näher wir dem Kreuz kamen, desto beeindruckender erschienen mir seine Ausmaße. Der Gipfel selbst war schnee- und windfrei. Lediglich ein sanfter, warmer Luftzug strich über das kurze Gras. Von hier oben konnte ich nicht erkennen, woher das schlechte Wetter gekommen war, das uns eben noch begleitet hatte: Die Aussicht war so klar und der Himmel so weit, dass die gesamte Landschaft bis zum viele Kilometer entfernten Horizont unter mir ausgebreitet lag. Der Berg stand einsam in einer Ebene und rund um mich herum erstreckten sich nichts anderes als die freundlichsten Landstriche, so weit mein Auge reichte. Das Gefühl, noch nie von so viel unberührter, prächtiger Natur umgeben gewesen zu sein, zwang mich auf meine Knie.

Aus dieser Haltung und dem Staunen kam ich lange Zeit nicht heraus. Schließlich jedoch spürte ich den Schatten des Gipfelkreuzes auf mir und blickte nach oben. Meine Perspektive erlaubte mir nicht, das gesamte Ausmaß der Konstruktion erkennen zu können. Das Kreuz in seiner exponierten Position auf diesem Berg war so groß, dass es von jedem, aus welcher Entfernung auch immer, gesehen werden konnte. Ein Zitat aus dem dritten Kapitel des Matthäusevangeliums kam mir in den Sinn:

Dies ist mein lieber Sohn, an dem ich Wohlgefallen habe.

Und gleich darauf war es, als ob das Kreuz, das so weithin sichtbar war, die große Aussage Jesu verkündete:

Niemand kommt zum Vater denn durch mich.

Tatsächlich: Von dort, wo ich war, konnte ich erkennen, dass es niemanden geben konnte, der dieses Kreuz nicht schon von Weitem sehen und den Weg zu ihm finden konnte.

Ich befand mich noch immer auf den Knien, als ich einen anderen, noch vertrauteren Satz in meinem Kopf hörte:

Sei still und erkenne, dass ich Gott bin.
Zum ersten Mal machte dieser Vers uneingeschränkt Sinn. Hier oben, in der Gegenwart von Gottes Größe und Allmacht, wäre kein noch so bedeutsames Wort auch nur ansatzweise in der Lage gewesen, zu beschreiben, was ich sah. Es blieb mir nichts anderes übrig, als schweigend Gottes Größe zu bestaunen.

Ein weiterer Sturm wehte die sanfte Brise vom Gipfel und diesmal griff die Kälte auch mich direkt an. Bald war der Wind so stark, dass ich nicht länger auf meinen Knien bleiben konnte, ohne davongeweht zu werden. Ich sah mich nach einer geschützteren Stelle um.

Da fiel mir die kleine Kapelle auf, welche nicht weit vom Kreuz errichtet war. Als ich sie betrat, entsprach sie ganz meiner Erwartung kleiner Bergkapellen. Kalter Stein, ein paar wenige Holzbänke und ein kleiner, blumengeschmückter Altar prägten die Atmosphäre. Trotz des engen Raums, auf dem alles verteilt war, verströmte das Innere die für mich typische melancholische Leere.

»Du siehst wieder einmal das, was du erwartet hast«, sagte der Mann in Weiß. »Eine kalte, leere Kapelle. Gib Gott doch die Chance, dir seine Version zu zeigen.«

Ich wartete ab, bis sich meine Wahrnehmung zu ändern begann. Die Holzbänke verschwanden und wurden durch einen großen, einladenden Sessel ersetzt, der genau in der Mitte des Raumes auf weichem Teppichboden stand. Ich zog meine Schuhe aus und kräuselte meine Zehen in der flauschigen Wärme des Bodens, während ich es mir im Sessel gemütlich machte. Der war so groß, dass ich mir in ihm vorkam wie ein Kind, das in den Polstern des überdimensionierten Mobiliars der Erwachsenen versinkt. Meine Sitzgelegenheit und der Fußboden waren jedoch die einzigen Dinge, die sich verändert hatten. Noch immer lag der Rest des Raumes in fahlem Dämmerlicht. Ich drehte mich im Sessel um und sah zum Mann in Weiß hinüber, der am Eingang der Kapelle stand.

»Ich brauche Hilfe«, sagte ich. »Das hier entspricht immer noch mehr meiner Vorstellung als der Gottes.«

Der Mann lächelte und mit seinem Lächeln begann der Raum zu strahlen. Flüssiges Licht brandete durch die Fenster und lief in goldenen Bahnen die Wände hinunter. Intensive

TAG 26 EIN BRUCHTEIL GOTTES

Wärme breitete sich im Raum aus wie Tinte im Wasserglas und hüllte mich ein. Staunend kuschelte ich mich tiefer in den Sessel und ließ mich von der Geborgenheit umarmen, die diese warme, helle Kapelle inmitten des Sturms, der um sie tobte, erfüllte. Der Mann, noch mit demselben Lächeln auf den Lippen, nahm neben mir in einem zweiten Sessel Platz.

Sei still und erkenne, dass ich Gott bin.

Derselbe Satz hörte sich auf einmal anders an, als wäre er mit einer leicht veränderten Betonung gesprochen worden. Es war derselbe Gott, der mich auch jetzt wieder sprachlos machte, aber das hier war eine ganz andere Seite von ihm als die Ehrfurcht gebietende Macht und Größe, die mir eben noch auf dem Gipfel neben dem Kreuz den Atem geraubt hatte. Hier war ich sicher und geborgen wie eine Tochter im Schoß ihres Vaters.

Mit einem Wimpernschlag wechselte die Szenerie. Der Mann in Weiß und ich standen vor einem Bürogebäude, dessen hoch in den Himmel ragende unzählige Stockwerke in der Sonne schimmerten wie ein See aus Stahl und Glas. Die filigrane Architektur der gewaltigen Konstruktion verriet mir, dass wir vor einem der modernsten Bauwerke standen, das je erbaut worden war. Über dem Eingangsportal war in großen Lettern der Firmenname angebracht:

All in One.

Wenn diese Firma Gott gehörte – wie es den Anschein hatte –, dann konnte ich mir keinen treffenderen Namen vorstellen. Andererseits wurde mir im selben Moment klar, dass der Manager dieses Unternehmens der einflussreichste und bedeutendste Firmenchef der Welt sein musste. In der Gegenwart wichtiger Geschäftspersönlichkeiten wurde mir immer ein wenig mulmig, und so bildete sich auch jetzt ein kleiner Knoten in meinem Magen. Wir traten durch die Eingangstür.

Trotz der zahlreichen Aufzüge, die unablässig ihre gläsernen Schächte hinauf- und hinabbrausten, führte mich der Mann in Weiß über die Treppenhäuser durch jedes einzelne Stockwerk. Ich nahm ihm das nicht übel, denn es gab in diesem fantastischen Gebäude unendlich viel zu sehen und zu entdecken. Wir durchquerten riesige Büroflächen mit Hunderten von Mitarbeitern, die mithilfe modernster Technik eine atemberaubende Geschwindigkeit und Effizienz an den

Tag legten. Daneben gab es Räume für Kinder, in denen Eltern mit ihrem Nachwuchs während der Arbeit Zeit verbringen konnten, Sportplätze, Turnhallen und Geräteräume für den körperlichen Ausgleich, an moderne Kapellen erinnernde Andachtsräume, in die man sich zurückziehen konnte, und Kreativzimmer, in denen die verrücktesten Ideen ausgebrütet wurden. Jede Abteilung war anders und auf ihre eigene Art und Weise faszinierend. Doch immer wieder fanden wir auch ganze Stockwerke vor, auf denen nur eine Handvoll Menschen in verwaisten Büroräumen saß, den Blick auf Geräte gerichtet, die älter waren als ich selbst. Als wir ein weiteres dieser Stockwerke betraten, sah ich den Mann fragend an. Doch ehe er mir antwortete, wurde ich Zeuge einer Szene.

Einige Angestellte aus einer der modernen Abteilungen kamen aus dem Aufzug. Auf einem Gepäckwagen hatten sie einen ganzen Berg an neuer Ausstattung dabei, die sie an die Mitarbeiter verteilen wollten. Aus einem zweiten Aufzug kamen weitere Personen, welche anscheinend die Teams hier zu verstärken suchten. Beiden Gruppen jedoch traten die bisherigen Mitarbeiter wütend entgegen und schickten sie wieder fort. Augenscheinlich wollten sie mit ihrer veralteten Ausrüstung allein gelassen werden.

Jetzt wurde mein Blick verständnislos. Doch der Mann in Weiß antwortete mir immer noch nicht. Stattdessen ging er zu jedem einzelnen der Mitarbeiter, wie er es auch schon auf den Stockwerken zuvor getan hatte, und begrüßte sie freundlich. Auf seinem Gesicht jedoch sah ich, dass in sein liebevolles Lächeln auch eine Spur von Schmerz gemischt war.

Wir gingen zum Fahrstuhl, den wir bisher noch nicht ein Mal benutzt hatten, und der Mann drückte den obersten Knopf. Die Chefetage. Der Knoten in meinem Magen machte sich wieder bemerkbar.

Die Fahrstuhltür öffnete sich hin zu einem breiten, mit Gemälden verschiedenster Epochen und Stilrichtungen behangenen Gang, der vor einer massiven Holztür endete, die leicht angelehnt war. Der Mann öffnete sie für mich und ich trat ein. Der große, runde Raum dahinter war voller Menschen aus allen Kulturen und Ländern, welche unter einer großen Glaskuppel, die das gesamte Stockwerk überdachte, umherschwirrten.

TAG 26 EIN BRUCHTEIL GOTTES

Trotz der scheinbaren Hektik konnte ich erkennen, dass jeder hier zu jedem Zeitpunkt genau wusste, was er tat. Niemand sah gestresst aus. Die Geschäftigkeit, die ich wahrnahm, war nicht das Ergebnis von Unordnung, sondern von präzisester Organisation.

Dann sah ich den Chef. Schon aus der Entfernung war ich von seinem Charisma derart eingenommen, dass ich den Blick nicht mehr von ihm nehmen konnte. Jede seiner Gesten strahlte uneingeschränkte Autorität aus. Jeder seiner Blicke war von tiefer Ruhe und Aufmerksamkeit geprägt und in allem, was er tat, konnte man erkennen, dass eine tiefe Liebe der treibende Motor seiner Handlungen war. Er nahm sich Zeit, um mit jedem seiner Mitarbeiter ins Gespräch zu kommen, anfallende Fragen zu beantworten und mit ihnen über Witze zu lachen. Als die Einzelnen ihn wieder verließen, konnte ich ihren Gesichtern entnehmen, dass sie nicht nur herausgefordert, sondern ermutigt und gestärkt zurück an ihre Arbeit gingen. Ich war tief beeindruckt: Ich hatte nicht den Hauch einer Ahnung, wie dieser Chef das anstellte, wenn er nebenher noch ein Unternehmen zu leiten hatte.

Von meiner ursprünglichen Annahme, selbst ein persönliches Gespräch mit dem Firmenoberhaupt führen zu können, kam ich bald ab. Doch allein vom Zusehen war ich zu der festen Überzeugung gekommen, auf jeden Fall ein Mitarbeiter in dieser Firma werden zu wollen. Ich konnte mir keinen besseren Ort vorstellen, an dem meine Fähigkeiten sinnvoller eingesetzt werden konnten. Es gab so viele Möglichkeiten!

Der Mann in Weiß drückte mir etwas in die Hand. Es war die Visitenkarte des Geschäftsführers.

»Du kannst jederzeit anrufen und einen Termin vereinbaren«, sagte er. »Er hat mir ausrichten lassen, dass er sich sehr freuen würde, dich persönlich kennenzulernen.«

Ich wollte mich schon auf den Weg zurück zum Fahrstuhl machen, als ich für einen Moment den Blick des Chefs auffing, der mir lachend zuwinkte, als wären wir alte Freunde, bevor seine Aufmerksamkeit von der nächsten Angelegenheit in Anspruch genommen wurde. Es war, als hätte er mir noch einen Satz zugerufen, auch wenn ich keine Worte gehört hatte:

Sei still und erkenne, dass ich Gott bin.

Ich hatte eine dritte Seite Gottes kennengelernt. Wie viele Seiten es wohl noch gab? Es war mit Abstand die modernste und am ehesten meiner Kultur entsprechende Variante. Vor der Person des Geschäftsführers verspürte ich ein tiefes Gefühl von Respekt und Anerkennung und gleichzeitig einen unbändigen Drang, so viel von diesem Mann zu lernen, wie ich nur irgend konnte.

Wir verließen den Bürokomplex und kamen zurück zum Thronsaal. Es war dasselbe Gebäude wie an meinem ersten Tag: graue Steinmauern und eine kleine Holztür an der Seite. Diesmal jedoch trat ich voller Spannung ein. Die Einrichtung war ebenfalls noch in vielem dieselbe, doch an der Decke waren weiße Stoffbahnen aufgehängt, die den Raum wie ein großes Himmelbett wirken ließen.

Ich legte mich in die Mitte des Saals und ließ denselben warmen Lufthauch über mich wehen, dem ich schon auf dem Gipfel begegnet war. Seine zarte Berührung brachte die Stoffbahnen über mir zum Schwingen, sodass das gedämpfte Farbenspiel, das durch die Fenster brach, einen sanften, gemächlichen Tanz darauf vollführte.

Dann sah ich Staub. Der Wind trug ihn wie leuchtende Funken ins Sonnenlicht und ließ ihn im Takt zu den Farben auf den Tüchern und Wänden wirbeln, von leiser Musik, die ab und zu im Raum erklang, wie von einem Dirigenten geführt. In mir hallten die Worte nach:

Sei still und erkenne, dass ich Gott bin.

Eine weitere Seite Gottes, ein weiterer Bruchteil seines unausschöpflichen Wesens schien mir entgegen, schwerer zu beschreiben, wortloser und ungreifbarer als die anderen, und doch genauso real. Ich hatte heute auf drei Weisen Gott erlebt: den allmächtigen Schöpfer, den liebevollen Vater und den eindrucksvollen Manager.

Hier fiel mir jedoch kein eindeutiger Begriff ein, der das Gefühl erfassen konnte, welches dieser Moment in mir auslöste. Ich spürte Leichtigkeit und Ruhe, Schönheit und Frieden. Da war Zärtlichkeit und Stille, und diese Gefühle blieben wie die Sonnenstrahlen und die Musik nicht im Raum um mich stehen, sondern drangen in mich und begannen nach und nach, mich auszufüllen, bis ich still wurde.

Es ging noch nie darum, wie der Ort aussieht, an dem du Gott besuchen kommst, sondern allein darum, wen du dort triffst.

DER SEILTANZ

TAG 27

»Hast du Lust auf einen Spaziergang?«, fragte der Mann in Weiß. Wir saßen auf einer Bank neben der Treppe und unterhielten uns, als er den Vorschlag machte, eine Runde spazieren zu gehen.
»Gerne.«
Wir setzten unser Gespräch im Gehen fort. Ich achtete kaum darauf, wohin wir gingen. Ein Wald, ein Feld, eine Wiese – doch irgendwann fiel mir ein rotes Band auf, das sich gemeinsam mit dem Weg vor uns durch die Landschaft schlängelte. Unbewusst begann ich, meine Schritte genau auf die Schnur zu setzen, wie man es als Kind manchmal mit den Bodenplattenspalten auf dem Gehweg macht. Und ähnlich wie das Bodenplattenspaltenspiel artete auch meine anfangs noch unschuldige Nebenaktivität unweigerlich nach und nach zu einem meine volle Aufmerksamkeit beanspruchenden Wettkampf aus, sodass ich gar nicht mehr mitbekam, worüber der Mann in Weiß neben mir eigentlich sprach. Zu meinem wachsenden Ärger jedoch passierte es, dass ich umso öfter danebentrat, je mehr ich mich darauf zu konzentrieren versuchte, auf dem

TAG 27 DER SEILTANZ

Seil zu gehen. Erst als ich feststellte, dass es um mich herum auffallend still geworden war – meinem Gesprächspartner war meine Unaufmerksamkeit natürlich nicht entgangen und er hatte mir irgendwann nur noch schweigend zugeschaut –, wachte ich aus meinem hypnoseähnlichen Zustand auf.

»Tut mir leid«, sagte ich, während meine Gesichtsfarbe sich rapide der des Seils anglich. »Ich glaube, ich habe gerade nicht zugehört. Was hast du gesagt?«

»Ich sagte, dass es dir leichterfallen wird, auf dem Seil zu gehen, sobald du weniger verkrampft an die ganze Sache herangehst.«

»Oh.« Mein Gesicht war nun endgültig roter als das Seil unter mir geworden. Den Augenkontakt zu meinem Begleiter vermeidend, nahm ich meinen ursprünglichen Laufstil wieder auf.

»Versteh mich nicht falsch«, sagte der Mann, »es ist schon gut, dass du dem Band folgst. Es ist der Weg, den wir gehen wollen. Ich will dir nur helfen, dass du auch darauf bleibst.«

»Okay«, sagte ich und vermied immer noch jeglichen Augenkontakt. Ich versuchte erneut, dem Band zu folgen, jedoch ohne so verbissen auf den Boden zu starren. Nach und nach gelang es mir besser, bis ich soweit war, eine ganze Weile einfach zu gehen, ohne mich vergewissern zu müssen, dass ich noch auf dem Seil ging. Als ich schließlich doch einmal hinunterblickte, stellte ich fest, dass das Seil inzwischen ungefähr eine Handbreit über dem Boden schwebte. Vor Schreck fiel ich natürlich sofort herunter. Ich sah zum Mann. Er ging ganz normal auf der Höhe des Seils, nur dass unter seinen Füßen kein Seil war. Er lief demnach wohl ganz einfach auf Luft. Ich hatte schon meinen Mund geöffnet, um ihn zu fragen, wie in aller Welt er das anstellte, doch ich belehrte mich selbst eines Besseren und machte meinen Mund wieder zu, ehe ich eine sinnlose Frage stellte. Er konnte es nun einmal. Aus, fertig.

Da ich jedoch als gewöhnliche Sterbliche nach wie vor an die Schwerkraft gebunden war, setzte ich meine Füße wieder auf das Seil und versuchte, meinen Weg fortzusetzen. Was dabei nicht half, war, dass der Boden mit jedem Schritt weiter unter das Seil absank und mir dementsprechend immer schwindliger wurde. Meine Beine begannen zu zittern, während ich überlegte, wie stark ich mich wohl verletzen würde, wenn ich *jetzt* herunterfiel. Auf diese Weise kam ich zwar kaum vorwärts, doch immerhin so weit, dass ich auch nicht mehr zurückkonnte – was mich endgültig in eine recht aussichtslose Situation brachte. Kurz bevor ich vom Seil fiel, sah ich die Hand des Mannes, die er mir wohl schon seit geraumer Zeit hingestreckt hatte, während ich darauf konzentriert gewesen war, an meiner Lage zu verzweifeln. Dankbar griff ich zu.

Während wir langsam wieder zu gehen anfingen – ich auf meinem dünnen Seil, er auf noch dünnerer Luft –, fiel mein Adrenalinpegel nach und nach auf ein verkraftbares Niveau und auch meine Beine hörten auf zu zittern. Jedes Mal jedoch, wenn ich genug Selbstvertrauen aufbrachte, um es ohne seine Hilfe versuchen zu wollen, wurde mir wieder schwindlig und der Boden, der bereits in schluchtartige Tiefe abgesunken war, schien mit mehr als nur Gravitation nach mir zu rufen. Also hielt ich mich doch immer wieder an der Hand des Mannes fest. Auf diese Weise schaffte ich es zumindest, meinen Blick irgendwann vom Seil unter mir zu lösen und nach vorne statt auf meine Füße zu schauen. Dabei durfte ich erfreulicherweise feststellen, dass in nicht allzu weiter Ferne wieder Land in Sicht kam und die andere Seite des Grabens gar nicht mehr weit entfernt war. Ehe ich mich versah, hatte ich wieder festen Boden unter den Füßen. Ich sah zurück und stellte fest, dass der Graben, den wir gerade überquert hatten, wesentlich breiter war, als ich gedacht hatte.

»Danke«, sagte ich zum Mann in Weiß. »Ohne dich hätte ich das wohl wie immer nicht geschafft.«

»Wer hat denn gesagt, dass du es ohne mich schaffen sollst?«, antwortete er.

»Ähm«, sagte ich. Wohl niemand außer mir selbst. Zwischen der Anspannung und dem Schwindel war ich irgendwann dem Gedanken erlegen, dass es allein an mir lag, ob ich versagen oder bestehen würde. Daran, dass der Mann von Anfang an die Antwort auf mein Problem sein könnte, hatte ich nicht einen Gedanken verschwendet – was bei näherem Hinsehen ja die einzig sinnvolle Lösung darstellte, da ich keine professionelle Seiltänzerin war. Wie in aller Welt hätte ich das alleine schaffen sollen?

»Gar nicht«, sagte der Mann, der mal wieder meine Gedanken erriet. »Ich habe dir bewusst alle Sicherheiten genommen, damit du lernst, dich allein auf mich zu verlassen. Andernfalls hättest du den Weg unten durch den Graben nehmen müssen. Was zwar möglich, aber weitaus umständlicher ist.«

Für einen Augenblick veränderte sich das Bild und ich sah einige Personen, die ebenfalls den Graben zu überqueren versuchten. Doch sie weigerten sich, die Hand des Mannes in Weiß zu nehmen und fielen früher oder später vom Seil oder gingen zurück, sodass sie den Weg durch den Graben nehmen mussten. Das war eindeutig der sicherere Weg, aber eben der längere. Ich sah den Mann in Weiß, wie er sie auch dort begleitete und ihnen immer wieder Gelegenheiten anbot, auf das rote Seil zurückzukehren, doch sie entschieden sich stets dagegen.

»Lass uns weitergehen. Er wartet bereits auf dich«, sagte mein Begleiter, der wieder neben mir stand, und nahm mich mit zum Thronsaal. Beziehungsweise zu der Berghütte. Beziehungsweise – dem Palast? Dem Garten? Das Gebäude vor mir schien alle paar Sekunden seine Gestalt zu ändern. Einzig der Eingang blieb stets derselbe, um den herum der Rest all jene Formen durchspielte, in denen mir Gottes Thronsaal bereits begegnet war. Eine Kapelle. Das kleine Haus der glücklichen Familie. Eine Lichtung. Ein Haus ohne Dach, über dem ein Papierdrache vergnügt im Wind flatterte. Ein gläsernes Bürogebäude. Ein Monopteros. Ein unwirklicher Raum aus Pflanzen, Steinen und leuchtendem Wasser. Eine Säulenhalle, in der ein blindes Mädchen tanzte. Ein Spiegelsaal. Und dazwischen immer wieder das alte Steingebäude.

»Das kriegst du selbst raus«, sagte der Mann in Weiß im selben Moment, als ich ihn fragen wollte, was da vor sich ging. Ich hatte zwar nicht den leisesten Schimmer, aber irgendwie war es mir auch schon fast egal. Ich freute mich in erster Linie darauf, Gott zu begegnen.

»Ganz genau«, sagte der Mann. »Es ging noch nie darum, wie der Ort aussieht, an dem du Gott besuchen kommst, sondern allein darum, wen du dort triffst.«

Ich ging auf die Eingangstür zu und betrat etwas, das sich zuerst wie eine Burg mit dicken Mauern anfühlte, im Inneren jedoch einen Raum beherbergte, der mit Stofftüchern ausgespannt war, als befände ich mich in einem ausladenden Zelt. All das änderte jedoch nichts daran, dass ich mich wie immer augenblicklich so fühlte, als wäre ich nach Hause gekommen. Der Mann mit den silbernen Haaren kam mir entgegen und nahm mich in die Arme. Er sagte mir, wie schön es war, mich zu sehen, und führte mich zu zwei Sesseln.

»Die kenne ich doch«, murmelte ich, als ich die Möbelstücke genauer betrachtete.

»Du hast sie vor ein paar Wochen in einem Schaufenster gesehen und dich unsterblich in sie verliebt. Aber nachdem sie damals zu teuer für dein Budget waren, habe ich mir erlaubt, sie für heute zu organisieren. Willst du sie ausprobieren?«

»Machst du Witze?«, fragte ich und hüpfte in einen der Sessel. Er fühlte sich so gut an, wie er aussah. Ein warmer Windstoß brachte die Zeltbahnen zum Schwingen, drang durch irgendeinen Spalt zu uns hindurch und strich wie eine zutrauliche Perserkatze um meine Beine. Vor uns stand ein niedriger Tisch mit etwas warmem Brot und zwei halbvollen Weingläsern. Mein Gastgeber reichte mir ein Glas und nahm sich selbst das zweite.

»Ein Geschenk von deinem Freund«, sagte er. Und während mich der Geschmack des Weins in meinem Mund an das erinnerte, was Jesus am Kreuz für mich getan hatte, ergänzte ich seine Aussage: ein Geschenk von demjenigen, der mir Sicherheit gab, wenn alle Sicherheiten wegbrachen.

FREI? VON WAS DENN BITTESCHÖN?

FREI SEIN

TAG 28

Ich sah mich selbst, wie ich die Treppe hinaufstieg. Alt und gebeugt stützte ich mich auf einen Gehstock, mein Rücken krumm, meine Kleidung schmutzig und zerschlissen und meine Gesichtszüge von Bitterkeit entstellt. Mein Mund war so zugekniffen, dass ich meine eigenen Lippen nicht mehr sehen konnte; meine Haut hatte die Farbe von Asche. Doch so unglaublich es mir schien, war diese Person doch ich, und mit dieser Erkenntnis war es auch ich selbst, die ihren gezeichneten Körper wie eine Schnecke die Stufen hinaufhievte.

Weil mein Rücken so verkrümmt war, war ich kaum in der Lage, meinen Kopf zu heben. Meine dünnen, abgetragenen Kleider hielten dem kalten Wind nicht stand, der über die Treppe pfiff, und ich fror. Den Blick gesenkt, konnte ich nur an den Füßen neben mir erkennen, dass der Mann in Weiß mich begleitete. Als ich unter Schmerzen aufblickte, sah ich, dass Tränen seine Wangen hinabliefen. Doch alles, was ich fühlte, war Ärger über sein Verhalten, und ich wusste nicht einmal, warum. Wortlos stiegen wir nebeneinander die Treppe hoch, die mir aufgrund meines bedauernswerten Zustands heute

TAG 28 FREI SEIN

kein Ende zu nehmen schien. Als ich ächzend und schnaufend endlich oben angekommen war, fiel ich zuallererst auf die Bank neben den Stufen, um Atem zu schöpfen. Sobald ich wieder genug Sauerstoff in meinen Lungen hatte, um Worte bilden zu können, keifte ich den Mann an: »Warum sind wir eigentlich hier? Was soll das Ganze? All diese Mühe, um eine poplige Treppe hinaufzu …«

Der Mann ließ mich nicht ausreden. »Wir sind hier, damit du frei wirst.«

»Frei? Von was denn bitteschön?«, blaffte ich.

»Frei davon, dich andauernd selbst schützen zu müssen. Sieh dich an: Du bist ganz verkümmert. Ich möchte dir heute zeigen, dass du dein Innerstes nicht beschützen musst. Gott tut das. Wir sind hier, damit du aufblühst.«

Ich sah an mir herab. Wie ein ängstliches Baby saß ich da, zusammengekauert und verkrampft. Doch ich fühlte mich ja auch wie ein Baby, schutzlos und ausgeliefert – und gleichzeitig unendlich alt und kraftlos. Die Welt war darauf aus, mir wehzutun, und der einzige Verteidigungsmechanismus, der mir einfiel, bestand darin, mich einzurollen und so wenig Angriffsfläche wie möglich zu bieten. Die Scham, die Adam und Eva überkommen hatte, als sie erkannten, dass sie nackt waren – diese Scham hatte auch mich überkommen. Ich wollte unsichtbar sein. Denn wer unsichtbar ist, ist auch unverwundbar, richtig? Gott? Gott konnte mich nicht schützen. Das bewiesen doch die Narben an meinem Herzen.

In diesem Moment spürte ich, wie der Mann sanft mit seiner Hand über meinen Rücken fuhr. Wärme breitete sich in meiner Wirbelsäule und meinen verkrampften Muskeln aus und ich richtete mich ein kleines Stück auf. Vor mir sah ich die Hand des Mannes, die er mir entgegenstreckte.

»Komm«, sagte er, »lass uns zum Thronsaal gehen. Nur dort wirst du die Freiheit erleben, die ich dir versprochen habe.«

Ich zögerte und zog mich automatisch wieder ein kleines Stück zusammen. Freiheit? Was bedeutete denn dieses Wort überhaupt? Die Freiheit, mich wieder und wieder verletzen zu lassen? Nein danke, da blieb ich lieber in meiner jetzigen Haltung, so schmerzhaft sie auch sein mochte.

Doch der Mann ließ heute nicht mit sich diskutieren. Er

nahm meine Hand und zog mich von der Bank. Dann führte er mich zum Eingang eines großen, runden Gebäudes. Es sah anders aus als der klassische Thronsaal, an den ich mich bereits gewöhnt hatte, und vor der Tür stand ein Türhüter, der mich aufhielt.

»Du kannst hier nicht eintreten«, sagte er. Ich blickte an seinem schweren Mantel und schwarzen Bart hinauf und fragte, warum.

»Du bist zu klein.«

Ich sah ihn verständnislos an und versuchte, mir einen Reim auf diese völlig sinnfreie Aussage des Türhüters zu machen, als ich wieder die Finger des Mannes auf meinem Rücken spürte. Was ich diesmal erlebte, ließ darauf schließen, dass der Mann in Weiß mir bei seiner ersten Berührung nur einen Vorgeschmack dessen gegeben hatte, was er eigentlich tun wollte: Die Wärme, die meine steifen Glieder durchfuhr, hätte die Polkappen zum Schmelzen bringen können. Wie ein geknickter Grashalm, der wieder in seine ursprüngliche Position zurückschnellt, sobald man seinen Finger von ihm nimmt, fiel alles von mir ab, was mich niedergedrückt hatte, und ich richtete mich auf. Ich sah dem Türhüter in die kleinen Augen, die sich hinter seiner großen Spitznase versteckten, und konnte ein freundliches Zwinkern erkennen, als er mir sagte, ich könne nun eintreten.

Warmer Dampf kam mir entgegen, sobald ich die Türschwelle überquerte. Ich fand mich in einem breiten Flur wieder. Dankbar, aus der Kälte heraus zu sein, ließen meine Finger die dünne Jacke los, die ich noch immer als Schutz gegen den Wind auf der Treppe eng um mich geschlungen hatte.

Am anderen Ende des Flurs sah ich Wasser schimmern. Als wir näherkamen, erkannte ich ein Schwimmbecken, welches den nächsten Raum ausfüllte. Doch auch vor diesem Raum stand ein Türhüter, der mir den Eintritt verwehrte.

»Deine Kleider sind zu schmutzig«, antwortete er auf mein Nachfragen.

Da das immerhin eine nachvollziehbarere Aussage als die des ersten Türhüters war, fragte ich ihn, wo ich denn andere Kleider bekommen könne – schließlich hatte ich wie immer keine Badesachen dabei. Doch erneut kam mir der Mann in

TAG 28 FREI SEIN

Weiß zur Hilfe und hielt mir die entsprechenden Kleidungsstücke hin. Der Türhüter wies mir den Weg zu einer Kabine, in der ich mich umziehen konnte. Meine alten Sachen ließ ich liegen, wo ich sie fallen gelassen hatte. Der Türhüter erlaubte mir ohne weitere Umstände einzutreten, als ich aus der Umkleide kam, und ich stieg in das warme Wasser.

Meine Kleider waren nicht das Einzige an mir gewesen, das schmutzig war. Das Wasser wusch Wolken von Dreck von mir – und damit auch die aschgraue Farbe von meiner Haut, unter welcher mein ursprünglicher, gesunder Hautton wieder zum Vorschein kam. All den Schmutz zu sehen, der sich im Wasser um mich herum auflöste, war irgendwie peinlich und gleichzeitig unglaublich wohltuend. Während ich auf dem Rücken gemächlich durch das Becken trieb und darüber nachdachte, was soeben passiert war, tauchte ein Satz in meinem Kopf auf:

Niemand kommt zum Vater als nur durch mich.

An zwei Türhütern war ich bisher vorbeigekommen, doch ohne die Hilfe des Mannes in Weiß wäre ich wohl noch immer draußen in der Kälte gestanden. Ich machte mir klar, dass auf meinem Weg zum Thronsaal weiterhin er derjenige sein würde, der mich Schritt für Schritt auf meine Begegnung mit Gott vorbereitete. Eine Begegnung, von der ich bereits jetzt wusste, dass sie anders sein musste als alle vorherigen.

Meine Füße stießen sanft gegen den Beckenrand. Ich nahm es als Zeichen, den nächsten Raum zu betreten, und stieg aus dem Wasser. Auf der Suche nach einem Handtuch kam ich am Mann in Weiß vorbei.

»Lass uns weitergehen«, sagte er.

»Ohne Handtuch?«, fragte ich.

»Du wirst schon sehen.«

Tropfend stieg ich hinter ihm eine kurze Treppe hoch, an deren oberem Ende eine weitere Tür und ein weiterer Türhüter standen. Das Bild des uniformierten Mannes, neben dem ich mit nassen Haaren und Badeklamotten in der kleinen Pfütze stand, die sich unter mir bildete, war an sich schon seltsam genug. Die Szene wurde noch von der Begründung des Türhüters übertroffen, warum auch er mir den Zutritt zu verweigern hatte:

»Dein Mund ist zu. Du musst ihn erst öffnen, ehe du eintreten kannst.«

Was hatte mein Mund denn bitteschön damit zu tun, in einen Raum eintreten zu können? Doch der Türhüter hielt mir seinen verchromten Schild entgegen, in dessen spiegelnder Wölbung ich mein Gesicht sehen konnte, das mir noch immer mit verkniffenen Zügen und zusammengepressten Lippen entgegenstarrte. Ich versuchte also, meinen Mund zu öffnen. Es fühlte sich an, als würde ich eine Wunde aufreißen. Im selben Moment öffnete sich die Tür und der Türhüter wies mich in einen leeren Raum.

Sobald ich eintrat, spürte ich Windstöße wie eine Herde junger Pferde in alle Richtungen auseinanderstieben. Der Raum war also doch nicht leer. Die warmen Winde trockneten mich schneller und müheloser, als es jedes Handtuch vermocht hätte, doch wie ich feststellen sollte, war es nicht das, was diesen Raum ausmachte.

Ich atmete ein.

Und mein geöffneter Mund saugte Sauerstoff ein wie der Mund einer Ertrinkenden. Luft, Freude und Reinheit flossen zusammen in meine gierigen Lungen. Ich hatte das Gefühl, meinen Mund gar nicht weit genug aufreißen zu können, um all diese spektakuläre Luft einzuatmen, die mich mit Leben erfüllte. Dann ließ ich mich, einer spontanen Eingebung folgend, nach hinten fallen, und noch bevor ich mir der Verrücktheit meiner Handlung bewusst werden konnte, hatten mich die Winde aufgefangen und betteten mich in ihren starken Strömungen wie in einem Berg von Federkissen. Ich schloss die Augen, atmete, lebte und schwebte in der Leichtigkeit dieses Raumes.

Als ich meine Augen wieder öffnete, hielt mir der Mann eine Jeans und ein T-Shirt hin, sorgfältig zusammengefaltet. Ich zog beides einfach über meine Badesachen und wir machten uns weiter auf den Weg. Wir durchquerten eine Säulenhalle, welche mir seltsam bedrohlich vorkam. Die offene Architektur vermittelte mir das Gefühl, schutzlos zu sein, und ich bat den Mann, dass wir uns beeilen sollten. Er zog mich schnell zur nächsten Tür, und bevor ich meiner Überraschung darüber Ausdruck verleihen konnte, dass hier ja gar kein Türhüter stand, waren wir schon drinnen.

Der Raum schien eine Waffenkammer oder ein Rittersaal zu sein. Überall an den Wänden und in den Ecken waren impo-

TAG 28 FREI SEIN

sante, alte Rüstungen aufgestellt, doch die beeindruckendste von ihnen stand in der Mitte auf einem kleinen Podest. Es war eine kunstvoll verzierte Ganzkörperrüstung aus glänzenden Metallplatten, die aussah, als würde sie so viel wiegen wie ein junger Elefant.

Sollte ich die etwa anziehen? War das der Zweck dieses Raumes? In dem Ding würde ich nicht nur vor Hitze vergehen, sondern wahrscheinlich einfach umfallen, weil ich das Gewicht gar nicht tragen konnte. Das konnte nicht richtig sein.

»Hier ist deine Rüstung«, sagte der Mann in Weiß. Er hielt ein schlichtes, hellgraues Unterkleid in der Hand. Puh, also doch nicht die Rüstung. Auf der anderen Seite ...

»... sieht das Hemdchen nicht sehr stabil aus«, vervollständigte der Mann meinen Gedanken.

»Na ja, ich denke eben, wenn es darum geht, mich zu schützen, kann ich mir nicht ganz vorstellen, wie ...«

»Probier es an«, forderte er mich auf. Sobald ich das Hemd übergezogen hatte, stellte ich fest, dass es zwar tatsächlich leicht und bequem war, aber dennoch äußerst stabil, als wäre es mit unsichtbaren Stahlfäden verstärkt. Doch selbst das konnte nicht das überwältigende Gefühl von Sicherheit erklären, welches ich in diesem schlichten Hemd verspürte. Ich kam mir vor, als wäre ich tatsächlich in eine jener beeindruckenden Rüstungen gehüllt, die den Raum um mich ausfüllten. Ich sah an dem Kleid hinab. Als ich genauer hinschaute, konnte ich erkennen, dass es gar nicht wirklich grau und nicht einmal aus Stoff gefertigt war, sondern aus Worten, in feiner schwarzer Schrift auf weißem Untergrund geschrieben. Sie bildeten Sätze, die sich in unzähligen Wiederholungen zu einem Kleidungsstück verwoben hatten:

Sei stark und mutig.
Hab keine Angst, ich habe dich erlöst.
Der Herr, dein starker Gott, der Retter, ist bei dir.
Ich habe dich schon immer geliebt.

Noch viele weitere Verse, die Gott in sein Buch geschrieben hatte, um mich zu ermutigen, formten dieses Kleid. Es war ein Kleid, das nicht nur ich trug – das Kleid trug auch mich, solange ich den Versprechen glaubte, die es mir zusprach. Deshalb war es wohl trotz seiner Leichtigkeit so widerstandsfähig.

Dennoch, es war bloß ein Unterkleid. Es kam mir so vor, als wäre das noch nicht alles. Wir verließen den Raum daher auch bereits wieder und durchquerten einen weiteren offenen Säulengang, der dem vorigen zwar aufs Haar glich, mir in meiner neuen Montur jedoch keinerlei Angst mehr einjagen konnte. Als wir in den nächsten Raum traten, konnte ich kaum etwas erkennen, da mir ein derart helles Licht entgegenstrahlte, dass meine Netzhaut beinahe einen Kurzschluss erlitt. Als sich meine Augen halbwegs an die blendende Helligkeit gewöhnt hatten, konnte ich ein weißes Kleid erkennen, das in scheinbarer Schwerelosigkeit in der Mitte des Raums hing.

Das war es. Das war, was mir noch gefehlt hatte. Ich zog es über und fühlte mich augenblicklich vollständig, komplett. Eine tiefe Ruhe kam über mich. Ich war wieder ich selbst. All meine Unfreiheiten waren tatsächlich eine nach der anderen von mir genommen worden: Meine steifen Glieder hatte der Mann in Weiß geheilt. Meinen Schmutz hatte ich zusammen mit meinen alten Kleidern am Rande des Schwimmbeckens zurückgelassen bzw. im Wasser abgewaschen. Meine Bitterkeit hatte sich in den Lüften der Winde gelöst und war gemeinsam mit den Falten aus meinem Gesicht vertrieben worden. Und nun war ich in neue Kleider der Zuversicht und der Ruhe gekleidet. Ich war bereit, in den Thronsaal zu gehen.

Der Mann in Weiß bot mir seinen Arm an. Wie ein Paar auf dem Weg zum Tanz gingen wir den letzten Gang auf die große Tür zu, die zum Thronsaal führte. Die Türflügel schwenkten nach innen und wir betraten einen runden Saal. Er war leer, schlicht und die Decke fehlte. Über mir war blauer, wolkenloser Himmel. Der Raum war nicht einmal besonders groß.

Hier war nichts. Es war niemand da außer mir und dem Mann in Weiß. Da stand ich, in Kleidern der Zuversicht, am Ende eines langen Weges, der mich auf eine völlig neue Begegnung mit Gott vorbereiten sollte, und jetzt war Gott nicht da? Ich war bereit gewesen, mich beeindrucken zu lassen. War ich tatsächlich gekommen, um enttäuscht zu werden?

In diesem Moment begann die Erde unter mir zu beben. Nicht nur ein klein wenig, sondern so stark, dass ich mich nicht auf den Beinen halten konnte, vornüber fiel und mich auf meinen Knien abstützen musste. Die Wände wölbten sich, rissen,

TAG 28 FREI SEIN

fielen in sich zusammen, als wären sie aus Papier, und lösten sich in Staub auf. Eine Ebene erstreckte sich mit einem Mal um mich herum in eine Ferne, die keinen Horizont zu haben schien. Der Himmel verdunkelte sich in Sekundenschnelle mit pechschwarzen Wolkenformationen. Blitze schlugen direkt neben mir ein und in das ohrenbetäubende Krachen der explodierenden Luft mischte sich eine Stimme, die furchterregender war als der Donner, der mir die Ohren zerfetzte. Wie Hammerschläge schlugen die Worte auf meine Trommelfelle ein:

»*Warum zweifelst du an mir?*«

Ich fiel zu Boden, nicht in der Lage, meinen Blick zu heben.

»*Wer war es, der dich aufrichtete?*«, fragte die Stimme.

»*Wer war es, der dich reinwusch?*

Wer war es, der deine Bitterkeit löste?

Wer war es, der dir neuen Lebensatem einhauchte?

Wer war es, der deine alten Kleider nahm und sie durch neue ersetzte?«

Dann entstand eine Pause, bevor die Stimme noch einmal anschwoll, als wolle sie mich davonjagen wie eine Lawine.

»*Wer ist deine Sicherheit?*«

Bei diesen Worten sah ich auf und dort stand der Mann in Weiß, der mir seine Hand hinhielt. Ohne, dass seine Lippen sich bewegten, hörte ich seine leise Stimme in meinem Kopf sagen:

Niemand kommt zum Vater als nur durch mich.

Er war der Einzige, der dieser Gewalt standhalten konnte. Wie ein Fels in einer Sturmflut stand er unerschüttert neben mir und ich ergriff seine Hand. Er richtete mich auf, wie er es heute schon einmal getan hatte, und ich klammerte mich so fest an ihn, wie ich konnte, um von den Gewalten um mich herum nicht zerschmettert zu werden.

Doch im selben Moment wurde es still. Das Beben, die Blitze und der Donner waren ebenso verschwunden wie der Mann in Weiß und die Wände standen dort, wo ich sie beim Betreten vorgefunden hatte. Der Raum sah aus, als wäre nie etwas geschehen. Durch die Tür kam im selben Moment der Mann mit den silbernen Haaren und nahm mich in den Arm.

»Mit dem Zweifel fing alles an«, sagte er. »Deshalb war er das

Letzte, was du aufgeben musstest. Zweifel machen dich unfrei. Sie ziehen alle anderen Übel an. Du kannst immer zu mir kommen, so wie du bist, doch sag selbst: Ist es nicht einfacher, wenn du hier ankommen kannst, ohne verkrampft, verschmutzt und verbittert zu sein? Du hast einen langen Weg hinter dir und ein längerer Weg liegt noch vor dir. Aber er wird einfacher, wenn du dich daran erinnerst, dass ich dich frei gemacht habe.«

DER LETZTE WUNSCH

TAG 29

Ich rannte wie durch Pudding. Um meine Beine schwamm mein Alltag in Geleeform, mit all seinen Anforderungen, die mich davon abhalten wollten, zu Gott zu gelangen. Doch in mir war eine Sehnsucht, die mich unermüdlich vorwärtstrieb. Ich erreichte die Treppe und ließ die Puddingschicht hinter mir. Nichts konnte mich aufhalten. Oben wartete der Mann in Weiß auf mich. Er lachte, als er sah, wie ich die Treppen wie eine von Wespen verfolgte Rennmaus hinaufsprintete.

»Warte auf mich«, rief er mir zu, weil ich keine Anstalten machte, stehen zu bleiben. Er schloss sich meinem Lauf an und gemeinsam veranstalteten wir ein kleines Wettrennen, wer den Gipfel des Berges mit dem Holzkreuz als Erstes erreichen würde. Meine Freude brannte in meinen Beinen wie der Hochofen einer alten Lokomotive und ebenso unaufhaltsam stampfte ich den Berg hoch, dem Mann in Weiß um Längen voraus. Als der Gipfel bereits in Sicht war, schoss mir ein Vers aus Jesaja durch den Kopf:

Alle, die ihre Hoffnung auf den Herrn setzen, bekommen neue

TAG 29 DER LETZTE WUNSCH

Kraft. Sie sind wie Adler, denen mächtige Schwingen wachsen. Sie gehen und werden nicht müde, sie laufen und sind nicht erschöpft.

Kurz bevor ich den Gipfel erreichte, holte mich der Mann in Weiß ein. Wir rannten direkt am Gipfelkreuz vorbei und geradeaus auf die Felsenklippe zu, doch ich konnte nicht aufhören zu rennen. Und so sprangen der Mann und ich einfach über die Kante, ohne einen weiteren Gedanken an den Abgrund unter uns zu verschwenden. Der Boden versank in ferne Tiefen, während die Luft uns trug, als wäre sie Wasser. Ich war gerannt, ohne müde zu werden, und nun flog ich, als wären mir Schwingen gewachsen. In Gottes Gegenwart schienen sich seine Worte regelmäßig von Bildern in wörtliche Wahrheiten zu verwandeln.

In langsamen Kreisen sanken wir die Bergflanke hinab, bis ich weit unter uns den Thronsaal erkennen konnte. Ich war eine Zeit lang von der fixen Idee angetan, auf dem Dach des Hauses zu landen, doch je näher ich dem Gebäude kam, desto mehr ergriff mich Ehrfurcht vor der bevorstehenden Begegnung, und so setzte ich direkt vor der Tür des Thronsaals auf. Ich fühlte mich von einem Moment auf den anderen wie eine Ameise vor dem äußersten Tor eines Palastes. Mir hätte es völlig gereicht, auf den Stufen vor Gottes Wohnstätte auf die Knie zu gehen und seine Herrlichkeit von hier draußen aus zu bestaunen. Doch der Mann in Weiß nahm mich an der Hand und führte mich in den Thronsaal.

Wir betraten das Innere einer großen, altehrwürdigen Kathedrale. Zahlreiche Reihen von dunklen Kirchenbänken säumten das Hauptschiff, welches wir gemessenen Schrittes durchquerten. Vorne am Altar stand der Mann mit den silbernen Haaren und unterhielt sich mit einigen Besuchern. Als ich ihn sah, fiel ich augenblicklich auf die Knie, noch ehe er überhaupt zu mir herübergeschaut hatte. Ich schloss die Augen und war überwältigt von seiner Präsenz. Seine Anwesenheit duldete nichts Böses in diesem Raum, sodass alle Gedanken der Angst, alle Zweifel und selbstsüchtigen Wünsche, die es als blinde Passagiere in meinem Kopf bis hierher geschafft hatten, nun schleunigst das Weite suchten und nichts als Ruhe, Frieden und eine Freude hinterließen, welche bis in die Kapillaren meiner Fingerspitzen reichten.

In jenem Moment gab es keinen Ort, an dem ich lieber gewesen wäre.

Ich kann mir bis heute nicht erklären, warum ich ausgerechnet an diesem Tag von Gott so überwältigt wurde. Es war noch kein Wort gesprochen, kein außergewöhnlicher Ort besucht worden – selbst die Kathedrale, so hoch ihre himmelstrebenden Decken auch reichten, konnte die Gefühle in meiner Brust nicht erklären – und doch war ich den Tränen nahe, als würde Gott persönlich mein Herz in seiner allmächtigen Hand halten.

Der Mann mit den silbernen Haaren kam auf mich zu, hob mich auf und nahm mich in den Arm. Seine Umarmung drückte all die Liebe aus, die ein Vater für seine Tochter haben kann, und ich gab all die Liebe, die in mir war, in meiner Umarmung zurück.

Wir gingen den Gang in Richtung Altar hinunter, auf welchem ich nun eine Reihe an Glaskugeln sah, die in pures Gold gefasst waren. Ich erkannte sie sofort wieder. In dickes Glas hatte ich seit jeher all meine tiefsten Herzenswünsche verpackt, um sie vor dem Zerbrechen zu bewahren. Es war noch nicht lange her, dass ich sie schweren Herzens Gott überreicht hatte, im Vertrauen, dass er besser auf sie aufpassen würde als ich. Sie hier wiederzusehen, vergoldet auf dem Altar, war ein überwältigender Vertrauensbeweis Gottes. Gleichzeitig wusste ich, dass sie nun endgültig in Gottes Hand waren und er mit ihnen machen durfte, was er wollte. Mir war es genug, mit ihm an diesem Ort sein zu dürfen.

»Es gibt noch einen Wunsch, der fehlt«, sagte da der Mann.

Ich wusste nicht, wovon er sprach.

»Alle deine tiefen Herzenswünsche hast du mir gegeben und ich weiß, dass das schwer für dich war. Doch einen Wunsch musst du noch loslassen, wenn du mir wirklich vertrauen willst. Es ist der Wunsch, all deine anderen Wünsche aufblühen zu sehen. Du darfst auch ihn mir geben. Nur dann kann dein Wunsch in Erfüllung gehen.«

»Ich möchte das«, sagte ich. »Ich bin mir nur nicht sicher, ob ich es kann.«

»Dann bleib noch eine Weile hier«, forderte er mich auf.

Ich hatte das Gefühl, gemeinsam mit einer gigantischen

TAG 29 DER LETZTE WUNSCH

Menschenmenge vor der Erkenntnis von Gottes Größe auf die Knie zu gehen, um gleich darauf in seinen Armen zu liegen wie ein Neugeborenes an der schützenden Brust seiner Mutter.

Ich befand mich in einer Landschaft, deren Horizont in die Unendlichkeit fortzudrängen schien, und Gott war bei mir.

Im nächsten Augenblick saß ich im Sessel eines behaglichen Zimmers, in dessen schattiger Ecke ein Feuer im Kamin brannte, und Gott war bei mir.

Der Raum zerfloss und brandete in haushohen Wellen zurück gegen einen gewaltigen Felsen, auf dessen sturmumtoster Spitze ich stand, und Gott war bei mir.

Er war der Felsen, auf dem ich sicher stand. Er war in mir und ich in ihm. Nichts war ihm unmöglich, nichts konnte mir etwas anhaben.

»Tu, was du willst!«, rief ich. »Mein letzter Wunsch gehört dir!«

Das Wasser verdichtete sich zu grauem Stein, der Fels unter mir wurde glatt und gemasert und ich befand mich wieder auf dem kühlen Marmorboden der Kathedrale. Neben mir stand der Mann mit den silbernen Haaren und vor mir lagen meine Herzenswünsche, einer mehr als zuvor. Doch die Wünsche im Inneren der vergoldeten Kugeln waren verschwunden. An ihrer Stelle waren nur noch kleine Aschehäufchen zu sehen.

Meine Wünsche waren gestorben.

Etwas ernüchtert betrachtete ich die trüben Kugeln. Ich hatte meine Herzenswünsche im vollen Wissen aufgegeben, dass Gott mit ihnen machen konnte, was er für richtig empfand. Aber ich hatte beim besten Willen nicht damit gerechnet, dass er sie alle sterben lassen würde.

»Warum?«, fragte ich.

»Nicht ich habe deine Wünsche sterben lassen«, erwiderte der Mann. »Du selbst bist den letzten Schritt gegangen. Du hast mir vertraut und deine Wünsche deinem Vertrauen zu mir geopfert. Dem Vertrauen, dass ich der Einzige bin, der deine tiefsten Träume und Sehnsüchte wahr werden lassen kann.«

Und? Warf ich ihm in Gedanken entgegen.

»Dein Vertrauen soll belohnt werden«, sagte er. »Sieh!«

Mit diesen Worten sah ich, wie in einer Kugel nach der anderen kleine Schösslinge aus der Asche meiner Wünsche hervorsprossen. Sie wuchsen so rasant, dass sie bald die Gläser ausgefüllt hatten. Die goldenen Oberflächen knackten und rissen, bevor sie vollends aufbrachen und den Pflanzen Platz machten, welche nun wie Pfeile in die Höhe schossen. Manche wurden zu großen, ausladenden Bäumen, deren Kronen bis unter die Decke der Kathedrale reichten, andere wurden zu leuchtenden Blumenstauden und vielfarbigen Sträuchern, in denen Vögel nisteten. Ich fühlte mich unendlich frei.

GOTT IST GOTT

TAG 30

Ich traf den Mann in Weiß am Fuß der Treppe. Ich dachte irgendwie, dass er gekommen war, um mich in feierlicher Prozession die Treppe hinaufzuführen an diesem letzten, bedeutungsvollen Tag. Ich hoffte auf den großen Knall am Ende des Feuerwerks, auf den dramatischen Höhepunkt des fünften Aktes, auf den Ansturm der Pauken für den finalen Satz der Symphonie: Kurz, ich erwartete nichts weniger als einen krönenden Abschluss meiner dreißig Tage im Thronsaal Gottes. Ich hatte mein geistiges Notizbuch bereits gezückt für die lebensverändernden Erkenntnisse und die brillanten Antworten auf meine Fragen, die ich heute noch loswerden wollte. Doch der Mann in Weiß lächelte mich nur an.

»Willst du deinen Rucksack nicht lieber hier unten lassen?«

»Welchen?«, fragte ich, als ob es mehrere gäbe.

»Den auf deinem Rücken.«

Ich warf einen Blick über meine Schulter. Tatsächlich, da hing ein Rucksack jener Größe, wie man sie wohl für eine Besteigung des Mount Everest packt. Dem plötzlichen Gewicht auf meinen Schultern nach zu urteilen, war er randvoll.

TAG 30 GOTT IST GOTT

»Du hast ganz schön viele Erwartungen und Fragen eingepackt«, sagte der Mann. »Bist du dir sicher, dass du die alle mitnehmen willst?«

»Na ja«, antwortete ich leicht verlegen, »weißt du, heute ist eben der letzte Tag. Da dachte ich mir –«

»Wer hat dir denn das erzählt?«, fragte der Mann.

»Was?«

»Dass heute der letzte Tag ist.«

Ich sah ihn etwas verwirrt an. War es nicht Gott selbst gewesen, der diesen Deal mit mir ausgemacht hatte? Dreißig Tage im Thronsaal?

»Gott hat dir diese Zahl doch nicht gegeben, um deine Zeit hier im Thronsaal zu begrenzen«, sagte der Mann. »Sondern um dich vorzubereiten. Dreißig Tage sind eine gute Zeit, um dir durch die Startschwierigkeiten zu helfen. Ab jetzt sollte es dir leichterfallen, regelmäßig hier vorbeizukommen.«

»Okay?«, sagte ich fragend. Hieß das, es sollten doch mehr werden? Wie genau meinte er das?

»Menschen sind lustig«, lachte der Mann. »Es ging Gott doch nie um Zahlen. Gott ist nicht an Zahlen oder Zeiten gebunden. Gott ist Gott. Es sind die Menschen, die Zahlen und Regeln brauchen; die sich an Grenzen und Sicherheiten klammern. Nur, weil Gott den Menschen dort begegnen will, wo sie sind, begrenzt er sich selbst. Damit er für sie erfahrbar werden kann. Je besser du Gott jedoch kennenlernst, desto mehr kannst du ihm so begegnen, wie er wirklich ist: unbegrenzt.«

Gott ist Gott. Aber wer – oder was – war Gott denn nun? Ich hatte ihn als Freund und als Vater kennengelernt, als Richter, als Schöpfer, als Manager und Gärtner, und doch war mir inzwischen klar, dass all das nur ein paar wenige Facetten von seinem Wesen waren. Wenn diese dreißig Tage nur der Anfang gewesen sein sollten, was wartete dann noch auf mich?

»Du hast ja immer noch deinen Rucksack auf«, lachte der Mann.

Ach ja, der Rucksack. Die Fragen wollten nicht aufhören, in meinem Kopf herumzuschwirren. Ich wuchtete das Ding von den Schultern und ließ es am Treppenaufgang liegen.

»Wollen wir los?«, fragte er.

Wir machten uns auf den Weg. Der Rucksack blieb am Fuß

der Treppe stehen. Dennoch konnte ich mich kaum dagegen wehren, ein wenig nervös zu werden, je weiter wir die Stufen hinaufstiegen. Mein Begleiter lenkte mich glücklicherweise ab, indem er mich nach diesem und jenem fragte, und so waren wir in eine entspannte Unterhaltung vertieft, als wir am Thronsaal ankamen.

Dort stand das alte Gebäude. Schlicht, weder einladend noch abweisend, wie am ersten Tag. Direkt neben der östlichen Mauer jedoch war etwas anders. Der gesamte Berghang schien abgebrochen. Statt des Rasens klaffte dort ein Abgrund, dessen Schlund bis zum Rand mit grauen Wolken gefüllt war. Die Wolkendecke auf der Höhe meiner Füße erstreckte sich bis zum Horizont, sodass man den Boden nicht sehen konnte. Über uns war ein eisblauer Morgenhimmel; die Sonne versteckte sich noch hinter dem Horizont. So faszinierend der Anblick dieser ungewohnten Weite war, blieb ich doch skeptisch, was es mit dem Ganzen auf sich hatte.

»Du hast heute zwei Möglichkeiten«, sagte der Mann in Weiß. »Du kannst den Thronsaal zu deiner Linken betreten und dort Zeit mit Gott verbringen, wie du es in den letzten Tagen so oft getan hast. Du kannst dich aber auch entscheiden, den Schritt in den Abgrund hinein zu tun und eine neue Erfahrung mit Gott zu machen. Wenn du willst, kann er dir zeigen, wie viel tiefer, höher und weiter er ist als das, was du bisher von ihm kennst. Gott kann dir überall begegnen. Die Frage ist: Wo möchtest *du* ihm begegnen?«

Ich überlegte. Beide Optionen hörten sich ehrlich gesagt gut an. Auf der einen Seite hatte ich nicht allzu viel Lust, den festen Boden unter mir zu verlassen. Doch gleichzeitig lockte mich die Aussicht, eine neue Seite von Gottes Wesen kennenzulernen.

»Was wird passieren, wenn ich mich für den Abgrund entscheide?«, fragte ich. Sollte ich mich einfach lebensmüde in die Tiefe stürzen?

»Das kann ich dir nicht sagen. Gott ist Gott. Du musst ihm bloß vertrauen.« Schon wieder dieser Satz. *Gott ist Gott.*

»Kommst du denn mit?«, fragte ich. Vertrauen gehörte nach wie vor nicht zu meinen Stärken. Ich wusste, dass Gottes Wesen gut war. Das Leben aber war gemein, und es fiel mir nicht immer leicht, beides auseinanderzuhalten.

TAG 30 GOTT IST GOTT

»Klar.«

Also nahm ich seine Hand und ging auf den Abgrund zu. Noch immer konnte ich unter der Wolkendecke nichts erkennen, aber ich wollte es auch gar nicht so genau wissen. Deshalb schloss ich auch noch meine Augen: Wenn ich schon fallen sollte, wollte ich nicht unbedingt mit offenen Augen in meinen Untergang stürzen. Dann machte ich einen Schritt nach vorn.

Die Gesetze der Schwerkraft lösten sich im Gegensatz zu den Wolken unter mir auf und wir betraten die Wolkendecke. Meine Füße sanken auf dem weichen Untergrund ein, aber ich fiel nicht. Wie eine Blinde ließ ich mich langsam vom Mann in Weiß auf die Wolken hinausführen. Hinter meinen geschlossenen Lidern nahm ich eine Helligkeit wahr, welche nach und nach zunahm. Ich schätzte, dass es die aufgehende Sonne war, denn das Licht wärmte mich.

Nachdem ich auch nach gefühlt hundert Metern noch durch kein Loch in den Wolken gepurzelt war, traute ich mich endlich, meine Augen wieder aufzumachen. Zu meiner Überraschung gingen wir jedoch gar nicht oben auf der Wolkendecke. Wir befanden uns stattdessen mitten in den Wolken. Hellgelb wie von der Sonne durchschienene Honigwaben bauschten sie sich um mich herum, während Licht in sanften Dosen durch das Dampfdickicht sickerte. Es herrschte absolute Stille. Unsere Füße machten keine Geräusche auf dem unwirklichen Boden, kein Luftzug drang durch die dicke Decke, die uns in ihre lautlose Umarmung eingewickelt hatte. Allein, je mehr meine Ohren sich an die Stille gewöhnten, desto sicherer war ich, aus großer Ferne eine leise Melodie zu hören, gerade so, dass man sich nicht sicher sein konnte, ob man sie wirklich hörte oder sich das Ganze nur einbildete.

Ein seltsames Gefühl überkam mich. Hier gab es kein Unten und kein Oben, kein Vorne und kein Hinten. Es mochte so aussehen, als wäre ich gefangen in einer goldenen Wolkenblase, aber stattdessen wurde ich den Eindruck vollkommener Grenzenlosigkeit nicht los, als würden die Maßstäbe von Größe in dieser Umgebung neu definiert werden. Als hätte sich der Horizont aufgelöst. Als wäre ich gar nicht mehr in den Wolken, sondern an einem Ort ohne Grenzen, golden und schwerelos und von unfassbarer Größe. Diese Welt war tiefer, höher und weiter, als all meine Worte zu beschreiben in der Lage waren. Mein Verstand kämpfte damit, dieses Gefühl zu verarbeiten. Ich war so überwältigt, dass mir schwindlig wurde.

In diesem Moment traten meine Füße auf Stein. Eine Felsspitze ragte aus der Wolkendecke, ein einsamer Gipfel, der sich durch die Untiefen des Wolkenmeers an die Oberfläche gekämpft hatte. Ich war ein wenig froh, wieder festen Boden unter den Füßen zu haben. Auf der anderen Seite wollte der Berg so gar nicht in die Unendlichkeit dieser Landschaft passen.

»Gott hat lediglich gesehen, dass du ein wenig überfordert warst«, erklärte der Mann in Weiß. »Er liebt es, dir einen Ausschnitt seiner Grenzenlosigkeit zu offenbaren, aber er weiß auch, wann er dir wieder so begegnen muss, wie du es brauchst.«

Die Wolken wichen ein wenig zur Seite und gaben den Blick auf ein Stück Bergwiese frei, auf dem eine einfache Holzbank stand. Darauf saß der Mann mit den silbernen Haaren. Er war in die Lektüre eines Buches vertieft, doch er sah sofort auf, als er meine Anwesenheit bemerkte und legte das Buch mit einem Lächeln zur Seite.

Mein Herz machte einen Sprung, meine Beine auch, und ich landete neben ihm auf der Bank. Er legte einen Arm um mich und sagte mir, wie froh er sei, mich zu sehen. Ich saß nur da und ließ den Gedanken in mein Herz sinken, dass ich gerade von Gottes Unendlichkeit in seine anfassbare Nähe getreten war. So war Gott. Unfassbar und gleichzeitig anfassbar. Unbegreiflich und doch zum Greifen nahe.

Gott ist Gott.

Hier, auf dieser Holzbank war ich bei ihm und es fiel mir erst jetzt ein, dass ich heute noch gar keinen Thronsaal betreten hatte.

»Der Saal war wie alles andere auch nur als Hilfe gedacht, stimmt's?«, fragte ich den Mann.

»Du hast recht. Ich kann dir zu jeder Zeit, an jedem Ort und in jeglicher Form begegnen«, erwiderte er. »Der Thronsaal gab dir lediglich ein konkretes Ziel, an welchem du mich finden konntest.«

Ich erinnerte mich an die Szene an jenem Sonntag vor einigen Wochen, als mich der Mann in Weiß in eine altmodische

TAG 30 GOTT IST GOTT

Kirche geführt hatte, deren Einrichtung anschließend nach und nach von sanften Explosionen zu Staub verwandelt und durch etwas noch Großartigeres und Schöneres ersetzt worden war. Jetzt, nach dreißig Tagen, konnte ich bereits kaum noch zählen, wie oft es meinen Vorstellungen von Gott genauso ergangen war. Eine nach der anderen hatte Gott liebevoll gesprengt und mir dabei immer wieder bewiesen, dass ich ihm vorbehaltlos vertrauen konnte. Ich wusste, dass noch ein ganzes Stück Wegstrecke vor mir lag, auf welchem mein Vertrauen wachsen durfte. Doch jede Grenzüberschreitung, durch die mich Gott in dieser Zeit geführt hatte, war ein weiterer Schritt hinaus in die Wolken gewesen, und nie war ich gefallen.

»Weißt du«, sagte ich, »ich bin froh, dass heute nicht mein letzter Tag ist.«

»Das ist gut«, sagte er. »Es gibt noch so viel, was ich dir zeigen möchte.«

Dann nahm er das Buch wieder in die Hand, in dem er zuvor gelesen hatte. Ich lauschte den Geschichten, die er mir daraus vorlas. Es waren Geschichten von Männern und Frauen und ihren Begegnungen mit Gott. In seiner Stimme schwang Stolz mit, denn es waren Erzählungen von seinen Kindern, die er unendlich liebte. Und ich war mir sicher, dass irgendwo in diesem Buch auch meine Geschichte stand. Auch wenn sie zum Großteil noch geschrieben werden musste.

NACHWORT

Die Zeit, in der ich dieses Buch geschrieben habe, war eine Zeit des inneren Zerbruchs. Und doch sehe ich, wenn ich heute zurückblicke, wie Gott in allem immer gewirkt hat.

Kurz nach meinem Abschluss als Fotodesignerin und unserer Hochzeit sind wir wegen des Studiums von meinem Mann für ein Jahr nach Australien gezogen. Motiviert, gespannt und voller Vorfreude kamen wir dort an. Während mein Mann sich im Studium, in der Kirche vor Ort und der Stadt einlebte, als ob er nie woanders gewohnt hätte, wurde es für mich von Woche zu Woche schwerer. Australien war wunderschön, doch auch nach der hundertsten Bewerbung tat sich keine Jobmöglichkeit auf – weder als Fotografin noch als Grafikerin noch in irgendeinem anderen Bereich. Freunde zu finden, mit denen ich die gleiche Tiefe erreichte wie in meiner alten Umgebung, schien sehr viel schwieriger und langwieriger als erwartet. Nach und nach ging uns das Geld aus und der finanzielle Druck stieg täglich. Zudem spielte mein Körper verrückt und entwickelte Stresssymptome, die ich weder behandeln noch bekämpfen konnte. Als ich dann mitten in der Nacht, aus heiterem Himmel, eine SMS erhielt, dass jemand aus meinem engsten Familienkreis an Krebs erkrankt war, war das wie ein Schlag ins Gesicht. Ich war mit meinen Kräften und auch meinem Glauben am Ende.

Wie konnte ein Gott, der meine Geschichte kannte und wusste, dass mein größtes Trauma der Krebstod meines Vaters war, so etwas zulassen? Stück für Stück hatte er mir innerhalb von einem halben Jahr alles genommen, was mir etwas bedeutete: meinen Traum, als Grafikerin und Fotografin die Schönheit dieser Welt zu zeigen, meinen Halt durch unsere Freunde und Familie, unsere finanzielle Sicherheit, meine körperliche Kraft. Zu guter Letzt hatte er nun auch noch das Fass von Leid, Angst und Tod aufgemacht, das mir bereits in der Vergangenheit so viele schlaflose und tränenreiche Nächte bereitet hatte. Ich fühlte mich alleingelassen und von Gott vergessen. Das Einzige, was mich am Leben hielt, waren mein Mann und das Wissen darum, dass meine Familie keine weitere Tragödie verkraften würde. Also stand ich jeden Tag auf und versuchte, mich an dem bisschen Hoffnung und dem kleinen Lebenswillen festzuhalten.

Ich war wütend auf Gott, unendlich enttäuscht und hatte keine Lust mehr auf diese Versprechungen und guten Ratschläge, die man an jeder Ecke bekam. Wenn es Gott wirklich gab, musste er etwas Besseres auf Lager haben als das.

Kurz vor dem finanziellen Ende entschieden wir uns, zu meiner Familie in die Schweiz zu ziehen. Ich wollte nach einer Arbeit suchen, während mein Mann dort weiterstudierte. Schnell fand ich einen Teilzeitjob, der unser Überleben sicherte, allerdings in keiner Weise etwas mit meinen Begabungen zu tun hatte. Wir fanden schnell Freunde und besuchten die Kirche vor Ort, doch mein Vertrauen auf Gott war immer noch tief erschüttert und ich konnte mir zu dem Zeitpunkt nicht vorstellen, dass sich das in absehbarer Zeit ändern würde.

Doch „Gott sei Dank" täuschte ich mich einmal mehr in Gott. Und so saß ich in einem ganz normalen Gottesdienst, wo die Geschichte dieses Buch völlig unspektakulär und unerwartet begann ...

Heute, über zwei Jahre später, blicke ich voller Dankbarkeit und Faszination zurück, weil Gott durch diese vielen kleinen

Erlebnisse, Bilder und Begegnungen mein Leben auf so viele Arten berührt, herausgefordert und geheilt hat. Nicht immer sofort und endgültig, aber ich habe einen Gott erlebt, der sich für mich interessiert, der mich aushält in all meinen Stimmungen und Emotionen, der mich nie vergessen hat, sondern, im Gegenteil, das große Ganze sieht und daran interessiert ist, dass ich freier werde. Das war eine ungewöhnliche und für mich lebensverändernde Erfahrung, die ich nicht mehr missen möchte. Und auch wenn ich nur einen winzigen Ausschnitt aus dem Reichtum von Gottes Möglichkeiten erlebt und gesehen habe, so weiß ich doch, dass sich jede Suche nach ihm und jede Begegnung mit ihm lohnt, weil sie wahre Veränderung bewirkt.

Auch ich habe immer noch viele Fragen, auch mir fällt es schwer, mich immer wieder, geschweige denn jeden Tag, für den ersten Schritt auf die Treppe zu entscheiden. Doch wenn ich es schaffe und mich auf die Suche nach einer echten Begegnung mit Gott mache, erlebe ich fast immer, dass Gott mehr daraus macht, als ich selbst erwartet hätte.

Deshalb möchte ich dir Mut machen, egal wie oft du die Treppe schon wieder runtergegangen oder gar nicht erst hochgegangen bist und wie viel Enttäuschung du erlebt hast, nicht aufzugeben. Wenn wir Gott suchen, werden wir ihm begegnen!

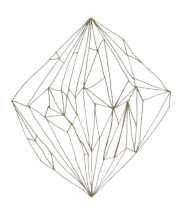

DANKE

DANKSAGUNG

Vielen Dank!

Martin, meinem Mann, für all deine Unterstützung, Liebe und Geduld, die mein Leben so reich machen. Ich liebe es, gemeinsam mit dir durchs Leben zu gehen.

Meiner Familie – danke, dass ihr an mich und das Buch geglaubt habt und immer hinter mir steht.

Tobias & Frauke Teichen – ich liebe es, dass Gott bei euch an erster Stelle steht, ihr als unsere Pastoren mutig vorangeht und uns als gute Freunde begleitet.

Franziska Lemnitzer – deine Freundschaft, die vielen Gespräche und Gebete haben mich stets getragen und mir immer wieder neue Motivation und Hoffnung gegeben.

Priscilla Bucher – deine Freundschaft, Ehrlichkeit und Liebe für Schönheit haben mich immer wieder herausgefordert, wahre Schönheit zu suchen und zu erschaffen.

Meinen Freunden – danke an alle, die an mich geglaubt und mich auf die eine oder andere Weise unterstützt und ermutigt haben.

Christian Ebert – ohne die Kunst deiner Sprache wäre das nur ein normaler Text.

Michael Held und Sophia Langner – ich liebe eure Kreativität und dass ihr mir auch unter Zeitdruck geholfen habt, schöne und neue Dinge zu erschaffen.

Christina Rammler und Claudia Elsen – vielen Dank für eure Unterstützung in Wort und Text.

Annette Friese, Silke Gabrisch und dem gesamten SCM Verlag – vielen Dank für euren Glauben an das Buch und euer Ringen um einen einzigartigen Text und die Gestaltung.

Aber vor allem geht mein Dank an Gott, der das alles möglich macht und mich täglich neu berührt, überrascht und herausfordert. Ich liebe diese echten Begegnungen mit Gott, weil sie alles möglich machen.

BILDER

BILDNACHWEISE

Tag 00: keine Bilder
Tag 01: Foto „Berge" Fabienne Sita
Tag 02: keine Bilder
Tag 03: Foto „Frau" | „Kleid" | „Wasser" & Grafik Fabienne Sita || Foto „Wald" www.unsplash.com
Tag 04: Grafik „Silhouette" www.clipartbest.com || Foto „Tal" www.unsplash.com || Grafik Fabienne Sita
Tag 05: Foto „Farnblätter" www.unsplash.com
Tag 06: Mockup „Frame" www.graphictwister.com || Foto „Frau" | „Natur" www.unsplash.com
Tag 07: Foto „Berg" www.unsplash.com || Foto „Nebel" Fabienne Sita
Tag 08: Foto „Staub" & Grafik Fabienne Sita
Tag 09: Grafik Fabienne Sita
Tag 10: Fotos „Feuer" | „Wasser" | „Berg-Nebel" www.unsplash.com || Foto „Nebel" | „Wellen" Fabienne Sita
Tag 11: Foto „Meer" www.unsplash.com
Tag 12: Foto „Kirche" www.unsplash.com || Grafik „Drache" Fabienne Sita
Tag 13: Foto „Meer" Fabienne Sita
Tag 14: Grafik „Sein" Fabienne Sita

DIE TREPPE EINE UNGEWÖHNLICHE BEGEGNUNG MIT GOTT

Tag 15: Grafik Fabienne Sita
Tag 16: Foto „Frau" Dilan Wagner
Tag 17: Foto „Blume" www.unsplash.com
Tag 18: Keine Bilder
Tag 19: Foto Fabienne Sita
Tag 20: Foto „Birds" www.unsplash.com
Tag 21: Grafik Fabienne Sita
Tag 22: Foto „Birken" www.unsplash.com
Tag 23: Foto „Frau" Sophia Langner
Tag 24: Grafik „Fliege" www.shutterstock.com || Grafik „Biene" Michael Held
Tag 25: Foto „Blume" www.shutterstock.com
Tag 26: Keine Bilder
Tag 27: Foto „Haus" www.unsplash.com
Tag 28: Foto „Tannen" | „Berg" | „Weg" | „Landschaft" www.unsplash.com
Tag 29: Foto „Landschaft" | „Pflanze" www.unsplash.com
Tag 30: Grafik Fabienne Sita

verwendete Bilder von:
Fabienne Sita
Michael Held
Dilan Wagner
Sophia Langner

www.shutterstock.com
www.unsplash.com
www.graphictwister.com
www.clipartbest.com